Dominez vos peurs

Conception graphique de la couverture: Eric L'Archevêque
Photo: The Image Bank/Dag Sundberg

DISTRIBUTEURS EXCLUSIFS:

- Pour le Canada et les États-Unis:
  LES MESSAGERIES ADP*
  955, rue Amherst, Montréal H2L 3K4
  Tél.: (514) 523-1182
  Télécopieur: (514) 939-0406
  * Filiale de Sogides ltée

- Pour la Belgique et le Luxembourg:
  PRESSES DE BELGIQUE S.A.
  Boulevard de l'Europe 117
  B-1301 Wavre
  Tél.: (10) 41-59-66
       (10) 41-78-50
  Télécopieur: (10) 41-20-24

- Pour la Suisse:
  TRANSAT S.A.
  Route des Jeunes, 4 Ter
  C.P. 125
  1211 Genève 26
  Tél.: (41-22) 342-77-40
  Télécopieur: (41-22) 343-46-46

- Pour la France et les autres pays:
  INTER FORUM
  Immeuble ORSUD, 3-5, avenue Galliéni, 94251 Gentilly Cédex
  Tél.: (1) 47.40.66.07
  Télécopieur: (1) 47.40.63.66
  Commandes: Tél.: (16) 38.32.71.00
                Télécopieur: (16) 38.32.71.28
                Télex: 780372

Vera Peiffer

◆

Dominez
vos peurs

◆

Traduit de l'anglais

par

Louise Drolet

le jour,
éditeur

Données de catalogage avant publication (Canada)

Peiffer, Vera

  Dominez vos peurs

  Traduction de: *Positively Fearless*
  Comprend des réf. bibliogr.

  1. Peur.   I. Titre.

BF575.F2P4414 1994   152.4'6   C94-940420-9

L'ouvrage original anglais a été publié par Element Books
sous le titre *Positively Fearless*
(ISBN: 1-85230-389-1)

Dépôt légal: 2e trimestre 1994
Bibliothèque nationale du Québec

ISBN 2-8904-4521-6

À ma chère Pia Slongo,
avec amour et gratitude
pour avoir rendu mon enfance supportable.

Pour l'homme qui a peur,
tout bruisse.
Sophocle, Fragment 58, Acrisius

Introduction

Il déverrouilla la lourde porte de chêne qui conduisait à la cave de l'université et fit signe aux autres de le suivre. Il braqua sa lampe de poche devant lui, illuminant l'escalier abrupt et étroit qui menait au labyrinthe de pièces situées sous le bâtiment principal.

Ils étaient cinq à descendre à la queue leu leu les vieilles marches de pierre: quatre membres de la confrérie, reconnaissables au chapeau orné d'un ruban qui les coiffait, et un postulant, jeune homme au teint pâle et aux cheveux noirs prénommé Richard, qui désirait entrer dans la confrérie.

On ne lui avait pas divulgué l'endroit où on l'emmenait et il savait, sans qu'on le lui dise, qu'il aurait été malséant de le demander. C'eût été admettre qu'il était inquiet et, bien sûr, il l'était; il se contentait donc de suivre l'étudiant qui le précédait. Nul ne soufflait mot.

Richard était le deuxième de la file; trois étudiants le suivaient. Il avait presque l'impression d'être prisonnier, même si personne ne l'avait obligé à venir. Ce n'était pas tant les étudiants derrière lui que sa propre fierté qui l'obligeait à continuer. S'il se dégonflait maintenant, il perdrait la face; on le traiterait de lâche et il serait la risée de tout le collège. Cela le décida à se ressaisir et à aller jusqu'au bout.

Parvenue au bas de l'escalier, la petite troupe pénétra dans une pièce qui sentait le moisi et où l'on entreposait des outils et du matériel d'entretien. Elle était glaciale et Richard sentit le froid du plancher de pierre s'immiscer à travers les semelles de ses chaussures jusque dans ses jambes. Il remarqua avec un soupçon d'inquiétude que déjà on n'entendait plus aucun son ni aucune voix provenant des étages supérieurs; seul l'écho de leurs propres pas produisait un son creux dans la pièce sans fenêtre qu'ils traversèrent pour atteindre une autre porte.

L'étudiant qui portait la lampe de poche prit une deuxième clé et déverrouilla cérémonieusement la porte. Avant de l'ouvrir, il se tourna vers Richard et braqua sa torche électrique sur lui. «Ta mission, dit-il d'une voix basse et neutre, est de rester dans la pièce qui se trouve au-delà de cette porte pendant la prochaine heure. Dès que tu y seras entré, je verrouillerai la porte derrière toi. Dans une heure, nous reviendrons te libérer.» L'un des étudiants émit un rire bref et ajouta d'un ton menaçant: «Sauf si nous t'oublions...!» Richard sentit un nœud lui serrer la gorge et son pouls s'accéléra.

Le chef de file entrouvrit la porte juste assez pour que Richard puisse se glisser dans la pièce. Il braqua sa lampe assez loin de la porte pour que Richard ne vît pas ce qu'il y avait à l'intérieur. Dès qu'il se trouva dans la pièce, la porte se referma derrière lui avec un claquement et il entendit la clé tourner dans la serrure. Un «Amuse-toi bien!» étouffé lui parvint aux oreilles, puis des bruits de pas qui s'éloignaient, puis plus rien.

Que le silence et l'obscurité. Une obscurité totale. Richard demeura tout à fait immobile. Tout ce qu'il entendait, c'était sa respiration. Il pressa son dos fermement contre la porte, attendant, espérant que ses yeux s'habitueraient à l'obscurité dans un petit moment de sorte qu'il pourrait voir où il se trouvait. Il ignorait la taille de la pièce, sa forme et son contenu. Il fixa le noir avec intensité et attendit, les yeux grands ouverts. Il tourna la tête lentement de droite à gauche, dans l'espoir de distinguer une silhouette quelconque, mais en vain. L'espace d'un instant, il crut qu'il était devenu aveugle et il sentit une panique soudaine monter en lui. Il se mit à trembler, son cœur cogna dans sa poitrine et il remarqua soudain que ses mains étaient moites.

Pressant toujours son dos fermement contre la porte, il glissa lentement dans une position assise jusqu'à ce qu'il sentît le plancher de pierre sous lui. Il demeura recroquevillé pendant un moment, l'oreille aux aguets. L'air était froid contre ses joues et sentait le renfermé. Il tendit l'oreille pour détecter des sons autour de lui, tout en demeurant immobile. Sa respiration rapide l'effraya. Et s'il y avait des souris ici ou, pis encore, des rats? Le terrain du collège en était infesté, personne ne l'ignorait. Il se mit à trembler de nouveau. Il enserra ses genoux pour se tenir chaud et sut que la tension blanchissait ses jointures. Le froid du plancher commençait à s'immiscer dans ses os et il comprit qu'il ne pourrait pas rester assis très longtemps.

Il tenta de chasser de son esprit la pensée des rats, sans succès. Sa peur commençait à prendre une identité propre qu'il ne pouvait plus contrôler. Des pensées angoissantes lui faisaient tourner la tête. Incapable de distinguer ce qui l'entourait, il se sentit impuissant et exposé et prit conscience de la sueur froide qui perlait sur son front. Il décida de se remettre debout afin d'éloigner la plus grande partie de son corps du sol où se trouveraient les rats s'il y en avait. Il glissa lentement vers le haut, le dos pressé contre la porte, tremblant toujours; il écoutait et fixait le sol invisible. Depuis combien de temps était-il là? Il n'avait pas sa montre; ils l'avaient obligé à la laisser dans sa chambre. De toute façon, il aurait été incapable de voir l'heure dans cette obscurité totale…

Il se força à réfléchir de façon rationnelle. Il n'en avait que pour une heure, en fait moins d'une heure puisqu'il s'était déjà écoulé du temps depuis son arrivée dans la pièce. Il n'avait qu'à rester près de la porte et à compter les minutes qui passaient jusqu'à ce que son temps soit écoulé et qu'ils viennent le chercher. S'ils ne l'oubliaient pas, s'entend. S'ils l'oubliaient, il mourrait ici car il aurait beau crier, personne ne l'entendrait. Il y avait peut-être un squelette quelque part dans cette pièce, les restes de quelqu'un qu'on avait oublié ici. Cette pensée soudaine s'imposa à lui avec tant de force qu'il résolut de ne pas bouger d'un poil afin de ne rien toucher, mort ou vivant, qui pourrait se trouver dans la pièce.

Il avait l'impression d'être là depuis une éternité, les jambes et les pieds fatigués mais fortement pressés les uns contre les autres, ses bras enserrant ses épaules. Il n'arrivait pas à oublier les rats quand soudain, son cœur cessa presque de battre: il y avait eu un bruit sur la gauche. Ou du moins, il *croyait* avoir entendu un bruit. Il retint son souffle au cas où le son se reproduirait tout en tournant lentement la tête dans la direction où semblait s'être produit le petit bruissement.

Tous ses sens étaient en alerte, il sentait chacun de ses muscles et chaque fibre de son corps se tendre et son souffle devenir rapide et peu profond comme s'il avait couru. La peur le pétrifiait. Et si le rat était en train de grimper lentement sur lui? Les rats étaient des animaux intelligents, tout le monde savait cela.

Ils pouvaient sans doute voir dans le noir. Son esprit fut soudain submergé par toutes les histoires qu'il avait entendues ou lues sur des rats qui attaquaient les gens, grimpaient sur leurs jambes et les mordaient au visage ou plantaient leurs dents effilées dans leur gorge… Il eut peine à réprimer un hurlement.

Soudain, *là!* Un autre bruit, cette fois plus loin sur la droite! Le rat se déplaçait, ou pis encore, il y en avait *plusieurs*. Richard haletait. Ils vivaient en bandes, n'est-ce pas? Il sentit ses cheveux se dresser sur sa tête et son corps tout entier se couvrir de chair de poule.

Bien qu'il ne vît rien, il n'osait pas fermer les yeux. Il s'efforça de percevoir d'autres bruits pour savoir à quelle vitesse ils avançaient. Son dos pressé contre la porte lui faisait mal, mais il ne pouvait pas relâcher la pression; la porte était son unique point de référence dans la pièce et il préférait supporter la douleur cuisante qui courait le long de sa colonne vertébrale que de lâcher son repère. La sueur se mit à perler sur son visage et à couler dans son cou. Ils approchaient rapidement maintenant; c'étaient des bêtes vives qui devenaient méchantes quand on envahissait leur territoire. *Là!* Quelque chose avait frôlé le bas de son pantalon, il l'avait clairement senti. Automatiquement, il secoua sa jambe vers l'avant comme pour la débarrasser d'un assaillant tout en pensant: «Cela ne fera que les rendre plus agressifs», mais il ne pouvait plus s'arrêter: il donnait des coups de pied sans arrêt, frénétiquement, sans se contrôler, comme si sa jambe ne faisait plus partie de son corps mais était une chose vivante, chassant avec fureur ses assaillants invisibles.

Il se pressa contre la porte en sanglotant et soudain elle céda; il tomba hors de la pièce et se trouva brusquement plongé dans une lumière vive. Il ne les avait pas entendus revenir et déverrouiller la porte. Il se couvrit les yeux de la main pour se protéger de la lumière et pour ne pas montrer qu'il avait pleuré. Il prit une profonde inspiration, fit un effort pour se ressaisir et retira enfin sa main. Levant les yeux, il remarqua que tous les étudiants s'étaient munis de torches. Il se frotta les yeux et se releva péniblement, brossant ses vêtements de la main pour masquer son embarras.

Puis, quelque chose d'étrange se produisit. Un à un, les étudiants entrèrent dans la pièce où il venait de passer une heure si horrible et y braquèrent leurs lampes de poche. Richard vit que la pièce était petite, sans fenêtre, qu'elle avait un plancher, des murs et un plafond de pierre. De plus, il constata qu'elle était TOUT À FAIT VIDE.

Quiconque souffre d'une phobie aura reconnu dans cette histoire les sensations physiques et émotionnelles qui vous assaillent quand vous vous trouvez face à l'objet ou à la situation appréhendée (ou même ne faites qu'y penser). Dès que votre esprit enregistre les premiers signaux du «danger», il met les bouchées doubles: votre cœur bat la chamade, vous suez, vous avez chaud et froid, vous êtes paralysé pendant une horrible seconde, puis vous paniquez et ne pouvez faire mieux que de prendre vos jambes à votre cou.

Cette réaction de peur paraîtrait compréhensible et «normale» si la personne se trouvait nez à nez avec un bouledogue qui montre les crocs. Toutefois, dans le cas des phobies, la situation ou l'objet phobogène est en général considéré comme inoffensif. Une personne peut être frappée de terreur en voyant un moineau sur l'asphalte ou en pénétrant dans un ascenseur. Sa peur nous semble tout à fait illogique parce qu'irrationnelle.

Voici ce que dit *Le Grand Dictionnaire de la psychologie Larousse* sur la peur: «État émotionnel spécifique [entraînant] un certain nombre de réactions internes de peur ou d'anxiété qui sont déclenchées par des stimulus spécifiques...» Et sur la phobie: «Peur non raisonnée et continue d'un objet, d'un être vivant ou d'une situation déterminée qui, en eux-mêmes, ne présentent aucun danger.»

La peur, sous une forme ou une autre, est presque quotidiennement présente dans notre vie. Quand une réunion à laquelle nous devons assister nous tracasse, c'est que nous avons peur de ce qui pourrait se passer. Si nous sommes inquiets en préparant un repas de fête, nous expérimentons une forme bénigne de la peur. Quel qu'en soit le degré, la peur entraîne toujours la crainte d'une catastrophe; autrement dit, la peur est la projection d'une pensée catastrophique.

La peur est une force restrictive très puissante qui peut exercer une influence profonde sur notre vie. Elle nous empêche de faire ce que nous voulons faire, nous force à faire ce que nous ne voulons pas faire, entrave nos progrès et nous empêche d'actualiser pleinement notre potentiel.

La peur imprègne nos vies jusqu'à un certain point et ses manifestations vont de la légère appréhension aux phobies à part entière et aux attaques d'anxiété. Souvent, elle nous déroute parce qu'elle peut sembler irrationnelle et de ce fait, incontrôlable. Pour bien des gens, la peur est une chose qui les habite mais sur laquelle ils n'ont aucun pouvoir.

Ce livre traite des aspects positifs et négatifs de la peur et explique comment elle naît. Vous découvrirez en outre les liens qui existent entre les symptômes physiques et mentaux de la peur, les origines de ces symptômes et comment la peur peut se perpétuer à l'infini. Quand une personne réagit par la peur à de nombreuses situations, cela dépend de nombreux facteurs comme son état d'esprit ou de santé du moment, ses goûts et préférences personnelles de même que le stress engendré par sa situation familiale ou professionnelle.

Tout objet ou situation peut provoquer de l'anxiété et plus cet objet ou cette situation est absurde, plus le problème peut sembler difficile à régler.

Ce livre explore les principes profonds qui gouvernent l'apparition de la peur, mais au-delà de ces explications théoriques, il propose une panoplie de méthodes utilisées en psychothérapie moderne et de techniques individuelles qui permettront à chaque personne d'affronter ses peurs et de les surmonter. Lorsque la peur n'est pas trop intense, elle peut être combattue avec des méthodes comme la détente, la désensibilisation systématique ou la visualisation. Presque toutes les méthodes présentées dans ce livre peuvent être appliquées chez soi. Utilisées de façon régulière pendant plusieurs semaines, elles donnent d'excellents résultats. Dans les cas où la peur semble irrationnelle ou trop grave pour être traitée sans aide extérieure, un thérapeute peut contribuer à résoudre le problème au moyen d'une approche analytique.

Le message essentiel de ce livre est le suivant: vous n'êtes pas obligé de vivre avec une peur indésirable. Ce n'est pas parce que vous ne voyez pas de solution qu'il n'en existe pas. *Dominez vos peurs* vous montre des façons de vous débarrasser de la peur afin de mener une vie plus riche et plus libre, et de développer la confiance nécessaire pour réaliser votre potentiel. D'autres l'ont fait avant vous et si *une seule* autre personne au monde peut le faire, vous le pouvez aussi!

PREMIÈRE PARTIE

La nature de la peur

CHAPITRE PREMIER

Causes et effets

Dans ce chapitre, nous étudierons les diverses origines de la peur et la façon dont, une fois qu'elle a atteint son paroxysme, elle peut nous influencer.

Certaines peurs sont d'inévitables sous-produits de la croissance qui disparaissent avec l'âge; d'autres sont engendrées par des traumatismes ou par l'exposition à un milieu social défavorable. Le changement constitue aussi un facteur décisif car il entraîne toujours un bouleversement émotionnel, positif ou négatif. Ainsi, une promotion au travail peut entraîner un stress aussi grand qu'un accident de voiture!

Dès le moment où une peur s'inscrit dans notre esprit, elle s'intègre à notre expérience émotionnelle. Imaginons que notre mémoire est une masse malléable: toute expérience vécue y laisse une trace qui ressemble à un sillon. Si cette expérience est fortement chargée d'une émotion comme la peur, elle laisse un sillon encore plus profond et plus elle se répète, plus le sillon se creuse de sorte que l'esprit l'emprunte beaucoup plus facilement par la suite. En conséquence, chaque répétition de l'expérience entraîne automatiquement une réaction de peur; en d'autres termes, nous nous mettons sur le «pilote automatique».

La peur produit un effet important sur le corps et l'esprit. Elle provoque dans le corps des changements que même un non-initié peut remarquer. La personne se tend, devient blanche comme un drap ou demeure pétrifiée. Les réactions physiques internes sont encore plus importantes que ces réactions externes: en effet, le corps subit des modifications chimiques mesurables qui, dans les cas graves, peuvent bouleverser l'équilibre physique à un point tel que la personne tombera malade si elle éprouve cette peur de façon régulière.

Mais examinons d'abord la peur en général, ses avantages initiaux et comment ces avantages sont devenus nuisibles.

PEUR POSITIVE ET PEUR NÉGATIVE

La peur est une réaction émotionnelle qui agit comme un signal d'alarme dans les situations que nous percevons comme étant dangereuses. Tout est bien si la situation est vraiment périlleuse et menace notre vie ou notre bien-être physique. Ne pas s'approcher trop près d'une falaise quand il souffle un vent violent est utile et cela peut même nous sauver la vie; mieux vaut se tenir à distance d'un gros chien qui montre les crocs; il est logique de se mettre à courir quand sa maison brûle. Dans tous ces cas, la peur agit comme une impulsion positive et protectrice qui nous prépare à fuir la situation dangereuse.

Il s'agit d'un mécanisme interne qui fonctionne dès notre plus jeune âge. Ce phénomène a été démontré par des expériences dans lesquelles des bébés qui venaient tout juste d'apprendre à ramper avaient été placés sur une surface qui avait l'air de s'affaisser brutalement vers le milieu. Même si l'«abîme» avait été couvert d'un panneau de verre, aucun bébé ne s'aventura au-delà de ce point. De même, la plupart des enfants éprouvent un respect sain pour les animaux qui sont aussi grands ou plus grands qu'eux et ne s'en approcheront pas sauf si on les encourage à le faire afin de leur prouver que l'animal est inoffensif.

La peur est positive quand elle nous empêche de nous blesser physiquement, mais de nos jours, les situations de la vie quotidienne qui mettent notre vie en danger sont plutôt rares. Alors qu'il y a quelques milliers d'années, l'homme était physiquement menacé par les bêtes sauvages, un climat violent et d'autres périls externes, notre vie moderne est assez facile par comparaison et nos besoins de base sont comblés. L'animal le plus sauvage que la plupart d'entre nous rencontrerons jamais est le chat du voisin; des maisons solides nous protègent du mauvais temps, et la médecine et les soins de santé modernes prolongent notre vie bien au-delà de l'âge que l'homme de Neandertal pouvait espérer atteindre: pourtant, nous continuons d'avoir peur.

Il semble que les temps modernes nous imposent une forme différente de peur, une peur qui vise à nous protéger des écueils *émotionnels* comme le sentiment d'être sans valeur, non aimés ou non désirés. Quand notre vie est en danger, on n'a pas tellement le temps de se soucier de ces détails et c'est toujours en temps de guerre que le taux de suicide est à son plus bas. Mais quand nos besoins physiques de base sont satisfaits, nous nous permettons de nous ronger les sangs dans des situations moins extrêmes. En fait, nos peurs modernes concernent surtout des *éventualités*, plutôt que des événements *réels et actuels*. Nous nous farcissons la tête de calamités imaginaires du genre «Et si mon compte était à découvert?» ou «Et si on me demandait de prendre la parole à la conférence de demain?» ou «Et si l'homme que j'aime me rejetait?» Ces projections mentales négatives, communément appelées «soucis», nous éloignent de l'ici-et-maintenant puisqu'elles concernent l'avenir.

C'est ici que la peur peut perdre son aspect positif et se changer en force négative. Tant que vous utilisez votre peur comme un signal d'alarme et prenez les mesures nécessaires pour régler vos problèmes, la peur conserve sa fonction positive. Si, parce que votre situation financière vous tracasse, vous prenez rendez-vous avec votre gérant de banque pour en parler, cette attitude vous permet d'affronter votre peur d'une manière constructive et contribue à résoudre le problème qui était à l'origine de celle-ci. Si, toutefois, vous laissez les choses aller à vau-l'eau en demeurant passif et en fuyant votre problème, votre peur peut prendre des proportions démesurées. Ainsi, une personne anxieuse et passive aux prises avec des problèmes financiers peut décider de ne plus lire ses relevés bancaires ni les lettres de la banque dans l'espoir que son problème disparaîtra comme par enchantement.

Certaines personnes arrivent à utiliser leur peur d'une manière créative pour atteindre leurs objectifs. Elles se servent de leur anxiété comme d'une impulsion qui les pousse à réaliser des choses nouvelles et meilleures, les aident à se concentrer et à aiguiser leur conscience afin de mieux saisir les possibilités nouvelles. Dans ce cas, la peur agit comme une force motrice. Ainsi, l'énergie supplémentaire créée par l'anxiété est canalisée d'une manière positive et finit par chasser la peur.

Les anxieux passifs, par contre, refusent d'affronter leur problème, ils se calent dans leur fauteuil et souffrent, inquiets de ce qui pourrait arriver. Or, cette forme de peur est vraiment très négative. Comme l'action ne vient pas y couper court, elle persiste dans l'esprit de la personne tant que celle-ci ne se décide pas à résoudre son problème.

Si vous atermoyez et étirez votre période de passivité, vous vous exposez à ressentir une dose démesurée de peur et de tension, ce qui en retour entraînera un certain nombre d'effets secondaires malfaisants.

Comme nous le verrons dans un chapitre ultérieur, la peur a aussi des effets physiques. Elle entraîne une production d'adrénaline et une augmentation du taux de glucose du sang destinées à stimuler le corps et à le préparer à l'action. C'est la réaction de l'homme des cavernes qui avait besoin d'un surcroît d'énergie pour battre en retraite le plus rapidement possible ou lutter férocement pour sa survie. Aujourd'hui, ces réactions ne sont pas du tout appropriées de sorte que la plupart du temps, nous sommes incapables d'utiliser l'énergie supplémentaire que nous fournit automatiquement notre corps. Alors cette énergie s'emballe, produisant une accélération du pouls et des pensées et, par conséquent, un malaise physique et mental également connu sous le nom de stress.

Quand une personne affronte régulièrement des situations stressantes et est incapable ou refuse de les résoudre, son corps, exposé à une surcharge d'adrénaline, subit alors un déséquilibre chimique. Ce lien entre la maladie et le stress émotionnel est étayé par des études menées aux États-Unis. Janice et Ronald Kiecolt Glaser, de l'Université de l'Ohio, ont effectué des recherches avant-gardistes dans le domaine de la psychoneuroimmunologie, terme nouveau qui se rapporte à l'étude de l'influence des facteurs psychologiques sur le système immunitaire. En période de stress, le corps produit une grande quantité d'un stéroïde appelé cortisol. Cette substance inhibe le travail des cellules macrophages qui sont un élément clé de notre système immunitaire. En effet, ces cellules digèrent les débris de cellules mortes présents dans le flot sanguin et appellent à la rescousse d'autres défenses comme les lymphocytes T quand elles entrent en contact avec un virus, des bactéries ou d'autres corps étrangers. Si leur action est inhibée, cela signifie que le corps ne peut plus réagir normalement à l'infection. Le système immunitaire se trouve affaibli et vous êtes beaucoup plus susceptible d'attraper une maladie qui court, comme la grippe ou un virus stomacal, que quand vous êtes stable sur le plan émotionnel.

Un autre aspect qui peut transformer la peur en une force négative est sa capacité de perturber l'équilibre émotif d'une personne au point où celle-ci ne peut plus fonctionner correctement. Elle devient confuse et agitée et a du mal à prendre des décisions. Elle pleure constamment ou est agressive et a l'impression de ne plus pouvoir se dominer. Dans les cas graves, cet état peut dégénérer en dépression nerveuse.

Une peur qui revient trop fréquemment ou dure trop longtemps devient très négative et doit être affrontée. Plus vous vous attaquerez ouvertement aux problèmes de votre vie, moins vous aurez peur quand d'autres problèmes surviendront. Plus vous serez apte à les régler, moins ils seront angoissants. Il existe toujours une solution même si votre problème est un type de peur, si vous souffrez d'une phobie, par exemple. Au chapitre 3, j'expliquerai plus en détail comment passer à travers ses peurs.

ORIGINE ET PERPÉTUATION

Sigmund Freud affirmait que certains phénomènes, tels les serpents, provoquaient de l'anxiété chez la plupart des humains; c'est pourquoi il donna le nom de *phobies universelles* à ce type de peur. Il mit en balance ces phobies universelles avec les *phobies spécifiques,* qui englobent les objets qui ne provoquent pas normalement la peur, comme les chats, par exemple.

Supposons que Freud avait raison et qu'il existe des peurs instinctives et innées, et d'autres que nous acquérons plus tard à un certain moment de notre vie. Cela voudrait dire que certaines peurs sont naturelles tandis que d'autres sont anormales parce qu'elles ne font pas partie de notre constitution biologique. Cela pourrait fort bien expliquer pourquoi tant de gens ne cherchent pas à obtenir de l'aide lorsqu'ils sont aux prises avec une forme irrationnelle de peur: ils se sentent ridicules de craindre une chose qui n'effraie personne d'autre.

En général, les gens hésitent assez longtemps avant de se décider à consulter un professionnel au sujet de leur type particulier de peur. Cela est dû au fait que la première manifestation de peur s'inscrit souvent dans un contexte très logique. À force d'essuyer les critiques de votre partenaire, vous finissez par avoir peur d'innover. Une voiture heurte la vôtre et vous éprouvez un choc. Un chien aboie férocement à vos pieds et vous êtes terrifié. Vos parents étant trop exigeants envers vous, vous devenez perfectionniste et craignez l'échec.

Toutes ces situations engendrent un certain degré de malaise et de peur la première fois. L'accident de voiture et le chien féroce sont des incidents en général uniques tandis que le partenaire critiqueur ou le parent exigeant font partie d'un scénario continu. En effet, tant que vous restez avec eux, vous êtes exposé à leur influence et donc à une atmosphère anxiogène. Cela est certes significatif quand on cherche à savoir si la peur persistera une fois l'événement initial passé. Dans le cas des chocs soudains et exceptionnels comme ceux qui sont provoqués par l'accident ou le chien, tout dépendra de l'état d'esprit dans lequel vous vous trouviez alors et des circonstances connexes. Si votre vie et vos émotions étaient raisonnablement équilibrés avant le choc, il y a de bonnes chances pour que des situations similaires continuent de vous effrayer pendant quelque temps, mais qu'à la longue, vous retombiez sur vos pieds. À ce moment-là, vous pourriez demeurer circonspect à la vue d'un chien ou regarder dans votre rétroviseur plus souvent que par le passé, mais vous n'éprouverez plus les symptômes physiques de la peur. Une fois la peur réduite à ce niveau, vous l'accepterez assez facilement parce que vous pourrez désormais la considérer comme une forme de «prudence raisonnable» qui constitue le résultat normal d'une expérience d'apprentissage.

Cependant, il en sera tout autrement si vous êtes déjà déprimé au moment du choc. Comme vous êtes plus vulnérable, vous êtes plus susceptible d'être traumatisé par l'incident. Il vous faudra beaucoup plus de temps pour vous remettre du choc et il se peut que vous développiez une réaction phobique. Cela pourrait vouloir dire que vous éviterez désormais de prendre votre voiture ou fuirez tous les chiens. Au début, vous le faites dans le but de vous remettre de votre frayeur, mais cette stratégie d'évitement pourrait se transformer en habitude, ainsi que cela se produit assez fréquemment. Votre refus de vous exposer à la situation pendant un certain temps fait que vous la craignez de plus en plus. C'est pourquoi les professeurs d'équitation demandent toujours à leurs élèves de remonter en selle après une chute: ils les empêchent ainsi de créer un modèle d'évitement.

Si votre peur est engendrée par la réaction ou le comportement d'une personne envers vous, cela complique la situation, surtout si vous vivez avec cette personne ou passez beaucoup de temps avec elle. Si elle vous critique sans cesse et que vous essuyez constamment sa désapprobation, cela produira un effet de lavage de cerveau sur vous et vous vous habituerez à cet état de choses. Au début, vous serez contrarié par ses critiques constantes, mais comme vous ne pouvez pas passer tout votre temps à être contrarié, vous vous résignerez et finirez par le croire, du moins inconsciemment. Consciemment, vous lutterez peut-être contre ses attaques, mais inconsciemment, un petit doute s'immiscera dans votre esprit. «Il n'y a pas de fumée sans feu!» vous direz-vous et lorsque vous vous surprendrez en train de commettre une erreur, vous frémirez: votre partenaire avait raison après tout! Votre confiance en soi s'affaiblira encore un peu et dès que vous affronterez de nouveau une tâche inhabituelle, vous la confierez à quelqu'un d'autre… En conséquence, vous perdrez l'habitude d'essayer de nouvelles choses, vous deviendrez moins compétent et plus craintif, et vous vous sentirez inutile. À ce moment-là, vous aurez perdu de vue l'incident qui a déclenché cette dégringolade. Ne restera plus que la peur, visible pour vous et pour votre entourage.

COMMENT NAÎT LA PEUR

À sa naissance, l'enfant possède un ensemble de caractéristiques qui se manifestent dans sa personnalité. D'entrée de jeu, il y a des enfants qui sont plus audacieux et moins craintifs que d'autres. Il suffit de regarder une famille de plusieurs enfants. N'importe quelle mère vous dira à quel point ses enfants étaient différents les uns des autres dès le début. L'un est extraverti et toujours en train de préparer un mauvais coup, l'autre est timide et n'aborde pas facilement les situations ou les gens qu'il ne connaît pas.

Toutefois, ces traits génétiques peuvent changer en fonction des réactions que l'enfant obtient à divers comportements. Si un parent anxieux traite de «méchant» l'enfant enjoué qui a un comportement ouvert, celui-ci apprendra à se tenir sur ses gardes et à refouler sa curiosité. Ou encore, il continuera d'agir comme avant, mais en secret, imprégnant ainsi de culpabilité une activité jadis agréable.

Si l'enfant est timide et que sa mère, par ses remontrances nerveuses, entrave ses efforts pour explorer le monde, l'enfant finira par y renoncer et sera moins apte à s'attaquer aux situations inconnues parce qu'il n'en aura pas pris l'habitude. Par contre, si le parent encourage gentiment l'enfant et loue ses progrès, ce dernier aura d'excellentes chances de surmonter ses craintes.

Les enfants passent les premières années de leur vie à essayer de comprendre le monde qui les entoure. Comme nous l'avons vu dans l'histoire de Richard, l'inconnu peut facilement provoquer de l'anxiété en nous. Redevenez un enfant de trois ans pendant un moment. Comme tout vous paraît étrange: la chaise de votre chambre a l'air d'un monstre quand il fait noir et que tous les contours deviennent flous. Essayez un instant de vous rappeler ce que c'est que d'être tout à fait dépendant de vos parents pour ce qui est de l'amour, du confort, de l'approbation, de la nourriture, de la chaleur et du toit qui vous abrite. Vous vous sentez impuissant et vulnérable parce qu'il y a des millions de choses qui vous dépassent complètement. Vous vous forgez donc vos propres explications en fonction de votre connaissance du monde, un monde formé par les contes de fées, les livres d'histoires, les émissions de télévision, l'école maternelle et le comportement de vos parents l'un envers l'autre et à votre égard.

Comme vous êtes un membre novice de la race humaine, vous faites beaucoup d'erreurs et il y a presque toujours quelqu'un pour vous les mettre sur le nez. La vie est déroutante et tout est nouveau, votre corps, vos sentiments, vos efforts pour apprendre. Dès l'instant de votre naissance, vous êtes catapulté dans le grand inconnu. Pas étonnant que vous ayez peur parfois, n'est-ce pas?

Les peurs enfantines

Les enfants imitent ce qu'ils voient et entendent. Non seulement ils imitent les mots et les phrases, ils copient aussi les gestes, les comportements et les sentiments qui les accompagnent. Voyez cette mère qui, devant l'enfant, pointe du doigt une araignée avec une mine dégoûtée!

Copier les peurs n'est pas l'apanage de l'enfance; cela peut aussi se produire plus tard dans la vie, mais on a généralement plus de chances d'«attraper» une peur de quelqu'un d'autre pendant sa croissance. Si vous passez votre enfance dans un environnement où la colère est tabou et où on ne vide jamais ouvertement ses querelles, vous apprendrez à craindre celles-ci. Le refus d'aborder certaines questions dans une famille rend ces questions mystérieuses et par conséquent, inquiétantes. Tant qu'une peur demeure dans votre tête, que vous ne la reconnaissez pas ouvertement et n'en parlez pas, elle peut prendre une identité propre et devenir démesurée, surtout chez les enfants qui ont l'imagination beaucoup plus fertile que les adultes.

Les adultes supposent souvent que les enfants mènent une existence privilégiée parce qu'ils n'ont pas de soucis en rapport avec l'argent ou le travail. Ils n'assument pas les responsabilités des adultes et c'est pourquoi on conclut à tort qu'ils n'ont pas de tracas. Or les enfants souffrent de la peur autant que les adultes, sauf que leurs frayeurs sont plus écrasantes et qu'ils ne sont pas toujours capables de les traduire en mots. Lorsqu'ils entendent un brusque fracas à l'extérieur, ils croient que la fin du monde est arrivée et sont terrifiés car ils ignorent qu'il s'agit là d'un phénomène naturel appelé tonnerre. Quand une grosse bête surgit brusquement devant eux, leur petit cœur cesse presque de battre parce qu'ils ignorent que cette bête est le chien du voisin et qu'elle est tout à fait amicale et inoffensive.

Certains parents qui craignent de dorloter leur enfant outre mesure l'ignorent quand il a peur la nuit et pleure. Ils croient qu'en laissant l'enfant affronter seul ses peurs, ils évitent de le gâter alors que c'est plutôt le contraire qui est vrai. Un enfant laissé à lui-même quand il a peur se sent abandonné et extrêmement impuissant et, par conséquent, sera moins apte à affronter les situations angoissantes plus tard dans la vie. L'enfant qui ne reçoit ni aide ni soutien alors qu'il tente de comprendre le monde qui l'entoure ne s'endurcit pas, au contraire; il s'affaiblit. C'est en laissant votre enfant pleurer que vous le gâtez et c'est en le punissant parce qu'il a peur que vous compromettez ses chances de développer sa confiance en lui.

Les réactions négatives découragent parfois les enfants d'apprendre à affronter leurs peurs. Si un enfant est puni parce qu'il a peur, il finira par fuir la situation qui l'effraie. Cela est plus susceptible de se produire quand les parents eux-mêmes sont incapables de reconnaître leurs propres peurs; au lieu d'exprimer leur inquiétude à tel ou tel sujet, ils tempêtent, sont de mauvaise humeur ou se replient sur eux-mêmes. L'enfant a alors l'impression honteuse, quoique erronée, qu'il est le seul à avoir des frayeurs. Or comme les enfants se blâment toujours pour tout ce qui va mal, leur peur se double d'un sentiment de culpabilité dû à leur impression de ne pas être à la hauteur, de sorte qu'ils finissent par être handicapés non seulement par la peur elle-même, mais aussi par le sentiment d'échec qu'ils associent avec elle.

Plus les parents rejettent les peurs de l'enfant, plus l'enfant s'accuse férocement et est susceptible de copier les réactions véhémentes de ses parents plus tard dans la vie.

La peur due à l'épuisement

Après avoir examiné la façon dont naissent les peurs dans l'enfance, nous nous pencherons sur les situations qui posent des problèmes plus tard dans la vie. Dans certains cas, vous serez peut-être étonné de voir quels facteurs peuvent provoquer de la peur. Nous sous-estimons souvent l'influence que peuvent avoir les événements de tous les jours sur nous.

Si vous subissez une pression constante ou prolongée au travail, vous pouvez devenir stressé et par la suite, épuisé et abattu. Si votre corps et votre esprit sont surchargés, vous finirez par vous affaiblir physiquement. Cet état d'épuisement peut résulter d'une activité physique exagérée: par exemple, vous faites des exercices vigoureux alors que vous êtes malade, ou vous soulevez et transportez des objets lourds. La solution est alors évidente: vous dormez, vous vous la coulez douce le lendemain et permettez à votre corps de récupérer.

Les activités physiquement épuisantes ne posent pas de problème habituellement, surtout si elles sont associées à un sentiment de plaisir ou d'accomplissement. Elles ne deviennent critiques que lorsqu'elles se changent en corvées désagréables, que vous forcez la note ou vous poussez dans le dos. Si, par exemple, vous êtes mère de plusieurs enfants dont l'un est handicapé, non seulement vous devez faire la lessive, les courses, le ménage et surveiller les enfants qui sont en santé, mais vous devez aussi voir aux besoins spéciaux de votre enfant handicapé; vous faites plusieurs choses à la fois et exigez beaucoup de votre corps. À moins de pouvoir prendre un congé de temps à autre, vous finirez par vous épuiser. En conséquence, vous vous sentirez accablée par vos tâches parce que vous serez physiquement incapable de les accomplir d'une manière satisfaisante. Vous êtes dépassée par la situation, vous n'avez plus la force de l'affronter. C'est dans des circonstances similaires que l'on peut (sans que cela soit nécessairement le cas) commencer à souffrir de peurs en apparence irrationnelles comme l'agoraphobie.

La même dynamique s'applique aux situations qui entraînent une surcharge d'activité mentale. Même si vous êtes assis à un bureau et ne vous dépensez pas physiquement, des pressions extrêmes et prolongées exercées sur votre capacité de décider et de faire face à des situations épineuses ou désagréables auront le même effet sur votre corps que le fait de courir un marathon. Que vous soyez secrétaire, contremaître ou directeur de votre service, toute surcharge de travail finira par vous fatiguer.

Ce qui complique encore les choses, c'est que souvent, il est extrêmement difficile d'obtenir le repos dont on a besoin pour la simple raison qu'on ne peut pas quitter son travail. C'est pourquoi vous vous poussez de plus en plus fort et contraignez encore davantage votre pauvre corps épuisé. Comme vous êtes fatigué, vous vous sentez moins apte à effectuer votre travail et par conséquent, plus anxieux. Cette anxiété vous pousse à commettre des erreurs, ce qui en retour confirme vos doutes quant à votre capacité de faire face à la situation. Ce processus peut facilement dégénérer à un point tel que la personne se sentira constamment anxieuse et se mettra à craindre les situations qu'elle affrontait avec une aisance relative quand elle était reposée et physiquement en forme.

Une de mes clientes m'avoua un jour qu'elle savait exactement à quel moment elle était surmenée. En effet, lorsqu'elle était sur le point de s'endormir le soir, elle voyait soudain un petit animal courir en travers de son lit et elle éprouvait une terreur momentanée qui l'éveillait. (Il est intéressant de noter ici que cette cliente n'avait aucune phobie des petites bêtes à l'état de veille.)

Quand elle allumait, elle découvrait invariablement qu'il n'y avait aucune bête sur son lit, mais elle avait du mal à se rendormir parce que son corps tout entier était tendu sous l'effet du choc.

Sa recette pour se débarrasser de ces hallucinations consistait à cultiver le calme quand elle rentrait du travail. Comme elle ne pouvait pas réduire sa charge de travail, elle s'attaquait au problème en se détendant le soir: elle n'allumait ni la télé ni la radio, mais elle lisait, faisait des casse-tête ou prenait un bain chaud. Elle réduisait ainsi les stimuli au minimum et au bout de deux ou trois jours, son sommeil redevenait normal.

La peur due à un changement difficile

Dans le courant de la vie quotidienne, nous acquérons des habitudes et élaborons nos propres façons d'affronter les situations. Nous organisons nos mouvements d'une certaine manière le matin avant d'aller travailler. Nous commençons par faire notre toilette, puis mettons la cafetière en marche pendant que nous nous habillons; ensuite, nous prenons notre petit déjeuner en feuilletant le journal avant de quitter la maison.

Si nous sommes deux, nous aurons décidé ensemble qui utiliserait la salle de bain en premier et aurons ainsi réarrangé nos habitudes à la convenance des deux parties. Pour plaire à votre femme, vous pressez le bas du tube de pâte dentifrice et remettez le bouchon; parce que vous détestez que la savonnette soit pleine de cheveux, votre femme la nettoie après l'avoir utilisée. Jusque-là tout va bien.

Supposons qu'un ami vienne habiter quelque temps chez vous. Comme sa petite amie l'a mis à la porte et a changé la serrure, il n'a nulle part où aller. Vous l'invitez à demeurer chez vous jusqu'à ce qu'il ait trouvé un logement. Il en a déjà visité un et ne restera sans doute pas plus d'une semaine chez vous. Néanmoins, sa présence perturbe votre routine quotidienne puisque, désormais, trois personnes se partageront la maison plutôt que deux. Vous établissez ensemble une nouvelle formule touchant l'utilisation matinale de la salle de bain, et tout fonctionne à merveille sauf que votre ami presse le tube de pâte dentifrice au milieu (il a oublié de s'en acheter) et laisse des cheveux sur le pain de savon. En outre, comme il prend de longues douches, vous avez moins de temps le matin. Mais vous ne dites rien parce qu'il n'est là que pour une semaine. Et de toute façon, votre ami est très gentil; il lave la vaisselle du dîner bien qu'il ne rince pas les couverts à l'eau claire. De plus, il occupe votre fauteuil quand vous rentrez du travail et vous prive de votre émission favorite en vous parlant de ses problèmes.

Vous aimez vraiment votre ami qui est gentil et poli, et ne regrettez pas un instant de lui avoir offert l'hospitalité. Vous êtes heureux de pouvoir l'aider et de voir qu'il apprécie votre soutien. Pourtant, vous êtes soulagé de le voir partir parce que vous pouvez de nouveau occuper la salle de bain tout à loisir, que le tube de pâte dentifrice est pressé au bon endroit, que la savonnette est propre et que vous pouvez vous asseoir dans votre fauteuil et regarder votre émission préférée, fort de savoir que les couverts ont été rincés à l'eau claire avant de reprendre leur place dans le tiroir.

Vous avez beau rire et trouver ce récit exagéré, pensez-y un peu! Si vous êtes honnête avec vous-même, vous devez admettre que vous avez aussi certaines habitudes et façons de faire les choses auxquelles vous tenez. Cela vaut autant pour votre vie privée que pour votre vie à l'extérieur de la maison.

Au travail, nous avons tous adopté des modèles de comportement que nous nous efforçons autant que possible de préserver. Nous jetons d'abord un coup d'œil sur le courrier avant de retirer notre manteau. Ou prenons un café avant de regarder le courrier.

Les habitudes que nous nous créons visent à favoriser le plus possible notre bien-être. En règle générale, nous optons pour la façon de faire la plus pratique et la plus agréable. Nous préférons tel fauteuil le soir parce qu'il se trouve près du cabinet à boissons, est plus moelleux que le canapé ou offre une meilleure vue sur la rue. Nous gardons toujours le classement pour la fin parce que nous préférons nous occuper d'abord de tâches moins désagréables. Peut-être commençons-nous toujours par lire notre courrier parce que nous trouvons rassurant de savoir sur-le-champ ce qui devra être fait durant la journée. Si vous possédez une personnalité différente, vous prendrez d'abord une tasse de thé parce que vous aimez vous laisser glisser doucement dans le travail et vous acclimater à l'idée que vous devrez éventuellement fournir quelques efforts pour le salaire que l'on vous paie…

Nos habitudes sont très personnelles. Elles sont conçues pour s'adapter le mieux possible à nos besoins et reflètent nos priorités.

Comme nous l'avons vu dans l'exemple de l'ami qui vient habiter chez vous pour une semaine, même une modification relativement mineure de votre train-train quotidien entraîne un certain stress, plus ou moins prononcé, selon les individus. En ce qui touche l'exemple ci-dessus, il est peu probable que vous éprouviez de l'anxiété ou de la peur puisque votre niveau global de stress est trop peu élevé. L'hôte et l'ami s'entendent bien; la femme de l'hôte est d'accord pour accueillir l'ami et la période pendant laquelle la routine quotidienne est perturbée est d'une longueur tolérable.

Mais imaginons un scénario légèrement différent. Supposons que l'invité en question est le premier-né d'un couple marié. Jusque-là, les conjoints avaient l'habitude de faire la grasse matinée pendant le week-end, ils menaient une vie sociale bien remplie, invitaient des amis à la maison, allaient souvent au cinéma et au théâtre. Ils pouvaient décider sur un coup de tête de prendre des vacances, faire leurs valises et aller là où bon leur semblait.

L'arrivée du bébé met brutalement fin à tout cela et transforme la vie du couple d'une manière radicale. Le nouveau venu nécessite une attention constante. Il faut le nourrir et le changer régulièrement, jour *et* nuit, de sorte que vous êtes fatigué parce que vos nuits sont constamment interrompues. Si vous allaitez votre enfant, vous êtes encore plus fatiguée, mais vous devez quand même vous lever quand le bébé pleure. Fini les grasses matinées, les matinées passées à flâner, les jours de congé. Vous devez apprendre à connaître le bébé, pourquoi il pleure, ce dont il a besoin, comment le calmer quand il ne dort pas.

Toutes les tâches quotidiennes comme l'épicerie, les courses au bureau de poste ou dans les magasins doivent désormais s'articuler autour des heures de repas et de sommeil du bébé. Si, auparavant, vous pouviez partir quand bon vous semblait, vous devez dorénavant tenir compte de tous ces facteurs. Tout prend beaucoup plus de temps parce qu'il faut préparer le bébé. Vous êtes moins mobile quand vous poussez un landau ou vous frayez un passage avec la poussette sur un trottoir achalandé, mais votre plus grand défi consiste à prendre l'autobus! Vous aimeriez vous transformer en Houdini féminine car une fois rendue à l'arrêt d'autobus, vous devez sortir bébé de la poussette, plier celle-ci d'une main, la soulever avec effort jusqu'en haut des marches, la ranger péniblement dans le compartiment à poussettes (d'une seule main toujours). Il vous faudrait une autre paire de mains pour prendre dans votre sac l'argent de votre passage. Puis, quelques arrêts plus loin, le bébé dans un bras, vous sortez la poussette du compartiment, la descendez sur le trottoir, la dépliez d'une main, remettez bébé dedans et enfin, faites la queue au bureau de poste pour expédier le colis d'anniversaire de votre mère. Vous voilà de retour à l'arrêt d'autobus, vous sortez bébé de la poussette, pliez celle-ci d'une main, et ainsi de suite, jusqu'à ce que vous soyez de retour chez vous, avec l'impression que vous venez de faire la Troisième Guerre mondiale à vous seule. Vous êtes épuisée parce que vous n'avez pas beaucoup dormi la nuit précédente et rien ne vous sourit autant que l'idée de vous asseoir et de faire une petite sieste, mais bébé pleure: il a faim et il faut le nourrir!

Dans une large mesure, vos propres besoins et désirs deviennent secondaires. Même si de plus en plus d'hommes participent aux soins du bébé, la venue de celui-ci entraîne des changements considérables dans la vie du couple. La plupart des parents, cependant, réussissent assez bien à passer à travers ces années, surtout s'ils se soutiennent mutuellement et peuvent à l'occasion laisser l'enfant aux mains d'une gardienne pour pouvoir s'évader.

Toutefois, des problèmes peuvent surgir si l'enfant présente des difficultés additionnelles, par exemple, s'il est malade ou est doué d'un tempérament difficile. Une de mes clientes, appelons-la Françoise, était une femme seule au début de la vingtaine qui était victime d'attaques de panique chaque fois qu'elle sortait de la maison. Elle n'avait jamais eu de problèmes avant la naissance de l'enfant, mais sa peur s'était intensifiée depuis deux ans. Sa petite fille, Annie, était une enfant pleine d'entrain, plutôt têtue et exigeante, alors que Françoise était une personne timide et effacée qui aurait préféré que l'on prenne les décisions à sa place. Elle s'était débrouillée avec l'aide de sa mère quand le bébé était petit, mais se heurtait à des difficultés maintenant que l'enfant pouvait parler et marcher et qu'elle-même avait recommencé à travailler.

Françoise se sentait accablée par son rôle de mère. Elle craignait de plus en plus de sortir après avoir paniqué une première fois alors qu'elle s'apprêtait à traverser la rue avec sa fille dans sa poussette. Quand elle vint enfin me consulter, elle m'avoua qu'elle devait faire un effort de volonté pour sortir de la maison.

Elle suivit sept séances d'hypno-analyse pendant lesquelles nous nous penchâmes sur la manière dont son changement de situation l'avait affectée. Quand Annie commença à marcher, à parler et à explorer son environnement, il devint clair que c'était elle qui avait le dessus. Françoise était souvent incapable de se faire obéir et dans les épreuves de force, Annie était incontestablement la meilleure. À l'occasion, Françoise criait après sa fille par pure frustration et Annie se mettait alors à pleurer. Se sentant coupable et persuadée d'être une mauvaise mère, Françoise lui cédait de nouveau.

Annie refusait catégoriquement d'être attachée dans sa poussette quand elles sortaient de sorte que Françoise, après quelques faibles tentatives, avait cédé et lui permettait de s'y asseoir sans boucler les courroies de sécurité. Un jour qu'elles traversaient la rue, Annie bondit hors de sa poussette et se mit à courir. Françoise, ralentie par le poids des sacs qu'elle tenait dans chaque main et ses efforts pour manœuvrer la poussette, cria à Annie de revenir et lui courut après. Elle était tellement fâchée qu'elle insista pour que sa fille s'attache dans sa poussette, mais le lendemain, comme Annie se montrait insupportable, elle céda de nouveau. C'est à ce moment qu'elle devint très craintive et très nerveuse à l'idée de sortir. Son anxiété s'aggrava avec le temps jusqu'à ce qu'elle préférât ne pas quitter la maison du tout si c'était possible.

Durant les séances d'hypnothérapie, Françoise commença à comprendre qu'elle devait prendre sa vie domestique en main parce que c'était elle l'adulte, après tout. Elle comprit aussi qu'être ferme et fixer des limites n'avaient rien à voir avec le fait d'être une mauvaise mère, même si l'enfant vitupérait. À mesure qu'elle reprenait confiance, on lui présenta de nouvelles façons d'affronter sa fille. Comme ses vieilles méthodes étaient manifestement infructueuses, nous essayions différentes façons de faire face aux situations difficiles comme de coucher Annie ou de faire en sorte qu'elle accepte de s'attacher dans sa poussette.

Dans le passé, Françoise préparait Annie à se coucher, lui lisait une histoire puis essayait de quitter la pièce. Au bout de dix minutes, Annie l'appelait et insistait pour qu'elle lui lise une autre histoire et se couche avec elle jusqu'à ce qu'elle s'endorme. Tout cela prenait des heures. Souvent, Annie demeurait éveillée jusque tard dans la soirée de sorte que Françoise finissait par n'avoir plus de temps pour elle-même.

Je suggérai à Françoise d'essayer une nouvelle approche. Une fois qu'elle aurait mis Annie en pyjama, elle devait lui ordonner de ne se coucher sous aucun prétexte et de jouer dans sa chambre. Sa mère resterait dans la cuisine et viendrait la voir plus tard. Cette méthode produisit d'excellents résultats. Quand Françoise venait voir comment allait sa fille, elle la trouvait souvent pelotonnée sur son lit, profondément endormie, ou encore l'enfant était tellement fatiguée qu'elle se laissait coucher sans résistance.

Forte de sa nouvelle confiance en soi, Françoise apprit aussi à faire preuve de fermeté dans d'autres situations, expliquant à sa fille le pourquoi de certains gestes, par exemple, pourquoi elle devait s'attacher dans sa poussette, et elle insistait calmement en joignant le geste à la parole malgré les protestations d'Annie qui cessèrent après quelques sorties seulement. Comme Françoise prenait en main son nouveau statut de mère, ses attaques de panique s'atténuèrent rapidement. Elle se sentait plus sûre d'elle et beaucoup plus calme avec sa fille qui, elle, devenait plus facile à vivre.

La peur due à un traumatisme

Quand un événement dramatique se produit dans notre vie, nous conservons parfois une cicatrice émotionnelle qui, souvent, prend la forme d'une peur ou d'une phobie. Si vous avez déjà été cambriolé, vous continuez, une fois le choc initial passé, de craindre un nouveau cambriolage. Chaque fois que vous approchez de la maison, vous vous inquiétez de ce que vous y trouverez. Vous éprouvez un malaise à savoir que quelqu'un est venu chez vous et a fouillé dans vos affaires. La nuit, vous dormez mal parce que vous tendez sans cesse l'oreille aux bruits inhabituels.

Si vous avez eu un accident de voiture, il se peut que vous ayez très peur de reprendre le volant. Si vous avez fait une chute de cheval et vous êtes blessé, vous hésitez peut-être à remonter en selle. Quand quelque chose tourne mal, que l'on est attaqué ou qu'on est blessé, physiquement ou émotivement, on peut être envahi par une peur qui persiste bien au-delà de l'événement initial.

Il peut en être ainsi, mais ce n'est pas nécessairement le cas. Certaines personnes, à cause de leur personnalité ou de leur tempérament, supportent mieux que d'autres les traumatismes physiques ou émotionnels. Une personne peut dédaigner sa mésaventure tandis qu'une autre se débattra longtemps avec la sienne. Certaines personnes ayant subi un traumatisme garderont toute leur vie une peur des situations ressemblant à l'incident original.

Plusieurs facteurs déterminent si un traumatisme entraînera ou non une peur durable. Le premier, comme je l'ai déjà mentionné, a trait à votre type de personnalité et à votre degré de résistance au stress. Un autre facteur est votre attitude générale à l'égard des problèmes et des difficultés. Cette attitude est le produit de vos expériences passées et des méthodes d'apprentissage que vous avez mises au point au fil des années. L'état d'esprit dans lequel vous vous trouviez au moment où vous avez subi le traumatisme et la réaction des autres à votre mésaventure jouent aussi un rôle déterminant.

Certaines personnes souffrent d'une peur ou d'une phobie mais n'ont plus aucun souvenir du traumatisme qui se trouve à l'origine de ce problème. Elles détestent l'eau, mais ont oublié qu'elles sont tombées dans un étang quand elles étaient petites. Elles sont conscientes de détester le sexe, mais ont chassé de leur mémoire l'agression sexuelle subie dans l'enfance. C'est pour éviter de nous effondrer que nous refoulons nos souvenirs traumatisants dans les profondeurs de notre subconscient. Mais ils laissent toujours une empreinte visible et cette empreinte, c'est souvent la peur.

Un de mes clients, Pierre, avait cessé de conduire sa voiture après avoir évité de justesse une collision avec une motocyclette. Il s'approchait d'une intersection quand il avait vu un motocycliste perdre l'équilibre et glisser avec sa moto en direction de sa voiture qui était alors arrêtée. Moto et cycliste heurtèrent le côté de sa voiture, mais l'impact fut faible. Le cycliste se releva presque instantanément, en apparence indemne. Pierre sortit de sa voiture pour voir s'il était blessé; il lui offrit son aide, mais l'homme l'assura qu'il n'avait rien. Finalement, Pierre partit, stationna sa voiture et ne s'en servit plus pendant trois ans. Que s'était-il passé?

Pierre vint me voir parce que sa situation devenait impossible. Non seulement il avait peur de conduire sa voiture, mais l'idée de prendre l'autobus ou le métro le terrorisait. Il craignait sans cesse de voir se produire un accident, l'impliquant lui ou quelqu'un d'autre. Quand il se trouvait dans une station de métro, il restait bien en retrait de la plate-forme de crainte qu'on ne le pousse par-derrière sur les rails. Ou encore il était hanté par l'image de quelqu'un qui tombe ou qu'on pousse sur les rails. Après coup, il ne savait plus trop si ces images étaient réelles ou imaginaires, si un accident s'était vraiment produit ou si lui-même s'était absorbé dans un fantasme. Une chose était sûre, il avait tellement peur qu'il ne voulait plus prendre le métro.

Quand Pierre vint me consulter, il avait l'impression que sa vie était gouvernée par ses peurs. Il ne pouvait pas se déplacer facilement puisqu'il était incapable de conduire sa voiture ou d'utiliser les transports en commun. Non seulement sa mobilité était gravement limitée, mais encore sa santé mentale l'inquiétait. Était-il en train de devenir fou puisqu'il était incapable de dire si un accident s'était vraiment produit ou s'il était le fruit de son imagination?

Au début, le cas de Pierre me sembla plutôt déconcertant. En effet, l'accident impliquant le motocycliste avait été plutôt inoffensif. Pierre s'était trouvé là par hasard, mais il n'avait pas provoqué l'accident. Le motocycliste s'en était tiré avec un choc, et Pierre avait pu constater qu'il n'était pas blessé. Pas une seule goutte de sang n'avait coulé. Et pourtant, cet incident semblait avoir déclenché sa phobie de conduire et finalement sa phobie des autobus et du métro.

Pierre insistait sur le fait que le motocycliste *semblait* indemne, mais qu'il ne l'était peut-être pas. Je discernai un lien ténu entre cette affirmation et les pensées angoissantes qui le tourmentaient quand il attendait l'autobus ou le train. Pierre ignorait si ce qu'il avait vu était réel ou imaginaire. Comme ce conflit existait déjà au moment de l'accident, je décidai de remonter dans le temps pour tenter d'en retracer l'origine.

Je fis régresser Pierre jusque dans son enfance où il retrouva des souvenirs qui jetèrent quelque lumière sur ses peurs. Il se souvint d'être tombé en courant un jour à l'école et de s'être écorché le tibia. Même si la blessure était à peine visible et ne laissait couler qu'un mince filet de sang, sa jambe lui avait causé maints problèmes par la suite et il avait mis plus d'un an à en recouvrer le plein usage.

Puis il évoqua des souvenirs reliés à des décès survenus quand il était enfant. Son oncle préféré souffrait d'un cancer et Pierre lui avait rendu visite à l'hôpital avec sa mère. L'oncle était mal en point et les médecins ne lui donnaient que quelques semaines à vivre. Mais faisant fi de leurs prédictions et pour la plus grande joie de Pierre, l'oncle guérit et vécut quinze années de plus. Puis soudain, malgré son air de santé, il succomba au cancer en moins de deux semaines.

Pierre évoqua aussi la visite qu'il rendit à sa grand-mère hospitalisée. Assise dans son lit, celle-ci lui désigna un jeune homme, qui avait l'air en santé et marchait en bavardant avec d'autres patients. Elle déclara qu'on avait cessé ses traitements parce qu'il n'en avait plus pour longtemps à vivre. Quand Pierre revint la semaine suivante, le jeune homme était mort.

Il y avait d'autres souvenirs similaires, mais je pense que les exemples ci-dessus sont suffisamment clairs. Pierre avait appris que les apparences sont trompeuses. Sa jambe légèrement écorchée lui avait causé de graves problèmes. Son oncle était à l'agonie et avait recouvré la santé et alors qu'il semblait en santé, il était mort. Le jeune homme était décédé alors qu'il *semblait* bien se porter. De sorte que quand le motocycliste heurta la voiture de Pierre, le subconscient de celui-ci tira les mêmes conclusions: le cycliste *a l'air* indemne, mais c'est sans doute aussi trompeur que les autres fois!

La situation se trouvait encore aggravée par le fait qu'au moment de l'accident, Pierre venait de se séparer de celle qui avait été sa partenaire pendant longtemps. Il était donc déjà perturbé sur le plan émotif et l'accident fut la goutte d'eau qui fit déborder le vase et déclencha une spirale d'anxiété.

Dès que Pierre fit tous ces liens de façon consciente, ses phobies disparurent et il put recommencer à conduire sa voiture et à utiliser les transports publics.

Quand nous subissons un traumatisme, c'est comme si l'expérience se gravait dans notre esprit et ne permettait pas à d'autres expériences plus positives de modifier le contenu émotif du traumatisme. Si vous vous faites mordre par un chien et que cet événement s'inscrit dans votre esprit comme un traumatisme, vous ferez peu de cas du fait qu'il existe de nombreux chiens amicaux et inoffensifs; votre vision des chiens demeurera négative et vous changerez de trottoir quand vous en verrez un. Le traumatisme vous poussera à agir *comme si tous les chiens étaient dangereux.*

Afin de surmonter ces réactions automatiques qui peuvent (sans que cela soit nécessaire) s'ancrer dans votre subconscient après un traumatisme, on peut employer un assez grand nombre de méthodes que je décrirai un peu plus loin dans ce livre. Mais même si elles varient, toutes ces techniques possèdent un dénominateur commun: elles transforment du négatif au positif le message qui apparaît dans votre esprit quand vous vous trouvez dans une situation anxiogène.

La peur due à la colère refoulée

Nous venons de voir comment la peur peut résulter d'un traumatisme. Même si la cause profonde de la peur n'est pas toujours évidente pour un observateur de l'extérieur ou même pour la personne qui en souffre, elle n'en demeure pas moins logique quand on la regarde sous un angle symbolique.

Le modèle devient plus complexe et par conséquent moins tangible quand nous éprouvons des peurs causées par des forces qui semblent n'avoir aucun rapport entre elles. La peur devient alors encore plus inquiétante. Si vous avez peur des chats parce qu'on vous en a déjà lancé un à la figure, cette phobie vous rend peut-être malheureux, mais au moins vous n'avez pas l'impression de perdre la raison. Si, par contre, vous avez vingt-cinq ans, que vous êtes en bonne santé, mais êtes incapable de sortir de la maison sans vous cramponner à quelqu'un ou à une rampe de crainte de tomber, et que votre peur n'est pas fondée, vous pourriez très bien avoir le sentiment de devenir fou.

Seuls les sentiments qui vous submergent sous l'effet d'une crise de panique peuvent surpasser cette impression d'impuissance et de vulnérabilité. Ces sentiments peuvent être si puissants qu'ils provoquent les mêmes symptômes physiques qu'une crise cardiaque. J'ai traité plusieurs clients qui avaient été conduits d'urgence à l'hôpital à quelques reprises dans le passé, pour se faire dire qu'ils avaient «seulement» été victimes d'une crise de panique.

Dans ces circonstances, les médecins ont tendance à prescrire des tranquillisants. Malheureusement, cela ne résout rien. Les médicaments contribuent à calmer le patient, mais au point où il se sent comme un automate et est incapable de fonctionner normalement et de penser clairement. En outre, le patient court le risque de développer une dépendance envers les tranquillisants (voir page 44).

Qui plus est, la consommation de tranquillisants n'élimine pas la cause profonde des crises de panique. De sorte que quand vous cessez d'en prendre, vos chances de rechute sont considérables.

Marthe a quatre enfants, tous des garçons, dont deux sont issus du premier mariage de son mari. Ces deux aînés sont indociles et ne l'écoutent pas («Tu n'es *même* pas notre vraie mère!»). Le troisième a l'esprit lent et a besoin de beaucoup de soutien tandis que le cadet est hyperactif et fait des ravages si on ne le garde pas constamment à l'œil. Le mari de Marthe, est, selon elle, «inutile». Il se tient en dehors de tout cela. Quand ses deux fils injurient Marthe, il fait semblant de ne pas entendre; quand ils désobéissent, il ne la soutient pas. Comme le dit Marthe: «Roger fait le mort pour ne pas avoir à participer.»

Marthe est une femme petite et alerte de quarante-cinq ans qui possède une énergie du tonnerre et prend soin du mieux qu'elle peut de sa famille chaotique, mais dès qu'elle met le pied hors de chez elle, elle perd tous ses moyens. Elle ne se déplace qu'avec l'aide d'une canne et doit toujours être accompagnée car elle craint de paniquer, de s'évanouir et de tomber. Certains jours, elle ne peut même pas sortir et cela l'inquiète parce que si ces symptômes persistent, elle ne pourra bientôt plus s'occuper de la maison. La seule conséquence positive de la phobie de Marthe est que Roger ne peut plus fermer les yeux sur tout: il doit faire les courses et la conduire les jours où elle ne supporte pas de marcher dehors (voir la rubrique sur les avantages secondaires, page 60).

Quand nous commençâmes à tirer au clair la situation de Marthe, nous découvrîmes qu'elle était très compréhensive envers les enfants. Elle était toujours affectueuse, elle reconnaissait que les aînés devaient s'habituer à l'idée d'avoir une nouvelle mère et comprenait aussi que les deux cadets avaient des besoins particuliers à cause de leurs problèmes. Elle s'efforçait d'être patiente avec tout le monde parce qu'elle voulait être une bonne mère. Elle ravalait sa salive quand les aînés étaient impolis; elle se taisait quand les plus petits brisaient quelque chose; elle n'insistait pas pour se faire obéir.

La seule personne à qui elle s'en prenait parfois était son mari, mais comme il ne réagissait pas, elle n'insistait pas de ce côté non plus.

C'était comme cela jour après jour. Même si Marthe se chargeait de tout le travail, sa famille l'ignorait.

Au début, Marthe répugnait à admettre que cette situation la mettait en colère. Elle sentait qu'elle n'avait pas le droit d'en vouloir à sa famille: au contraire, si seulement elle pouvait mieux les comprendre, leurs relations s'amélioreraient. Avec les années, au lieu d'affronter sa colère, Marthe avait fait de son mieux pour la refouler. Chaque fois qu'elle était fâchée, elle se sentait coupable parce qu'une bonne mère ne doit pas se fâcher contre ses enfants et qu'une bonne épouse ne doit pas harceler son mari. Elle continuait donc de refouler sa colère.

Malheureusement, on ne chasse pas un sentiment en le refoulant. Au contraire, la colère refoulée s'accumule à l'intérieur, crée de la tension et quand la tension devient trop élevée, elle doit être libérée. Si vous ne la laissez pas sortir à l'endroit approprié, elle cherche un exutoire et c'est alors que survient la crise de panique.

En apprenant systématiquement à faire face à sa famille d'une manière plus ferme et plus constructive, Marthe développa sa confiance en elle-même; elle se sentait mieux dans sa peau et était moins craintive à l'idée de sortir de la maison. Tout en reprenant les choses en main, elle apprit à insister pour qu'on la traite avec respect et qu'on tienne compte d'elle. Sa tension diminua; elle s'occupait activement de chaque situation à mesure au lieu de la laisser se dégénérer comme elle le faisait auparavant. Comme elle ne laissait plus sa tension s'accumuler, elle n'avait plus besoin d'exploser pour la libérer, et petit à petit, ses crises de panique perdirent de leur vigueur et finirent par s'estomper.

Cette accumulation de tension émotive peut se produire dans tous les contextes: harcèlement constant au travail, parents qui s'ingèrent dans vos affaires ou vous dénigrent, partenaire qui vous laisse sans cesse tomber et ainsi de suite. La peur est un signal d'alarme qui vous indique que vous devez revoir la façon dont vous menez votre vie. Plus vous feignez de l'ignorer, plus il claironne à l'intérieur de vous. Faire taire le signal d'alarme en avalant une pilule est aussi logique que d'arrêter votre alarme antivol sans vérifier s'il y a ou non un voleur dans la maison. La seule différence, c'est que les alarmes antivol se déclenchent souvent pour rien, mais ce n'est sûrement pas le cas des crises de panique!

La peur liée au syndrome prémenstruel

À l'origine, le syndrome prémenstruel était connu sous le nom de tension prémenstruelle, expression forgée par le Dr Frank en 1931. De nouvelles recherches ayant été menées sur ce phénomène, il apparut que la période qui précède les menstruations peut s'accompagner, outre la tension, d'un très grand nombre de symptômes physiques et émotionnels. C'est ainsi que l'expression fut changée au profit de *syndrome* prémenstruel afin d'englober cette variété de symptômes.

On parle de syndrome prémenstruel pour décrire la présence de symptômes qui surviennent régulièrement avant les règles, mais non avant l'ovulation, suivis d'une absence totale de symptômes pendant au moins sept jours après les règles. Le syndrome prémenstruel ne touche que les femmes pubères.

Outre ces symptômes nombreux et souvent pénibles, la période qui précède les règles peut aussi entraîner chez la femme des changements émotifs qui englobent entre autres la tension nerveuse, les sautes d'humeur, l'anxiété, l'agoraphobie, l'irritabilité, la dépression, la désorientation, la confusion, les crises de larmes et les tremblements. Selon la gravité des symptômes, le comportement de la femme peut changer considérablement en raison des émotions négatives qu'elle éprouve. Certaines femmes deviennent agoraphobes avant leurs règles, d'autres se sentent plus anxieuses en général. En conséquence, elles sont moins efficaces au travail ou à la maison; elles sont déprimées et n'ont qu'une envie: se replier sur elles-mêmes.

Le cycle menstruel est régi par un centre de contrôle situé dans le cerveau, l'hypothalamus. Cette partie du cerveau contrôle aussi un certain nombre d'autres fonctions, dont l'équilibre en eau du corps, l'appétit, le poids, l'humeur et la structure du sommeil. Ceci explique pourquoi la perturbation du cycle menstruel due à la carence d'une hormone particulière, par exemple, entraîne le dérèglement d'autres fonctions comme l'équilibre en eau, le poids et l'humeur.

Si vous croyez que votre anxiété pourrait être due au syndrome prémenstruel, tenez un journal pendant les trois prochains mois (lire le chapitre 3, page 97). Notez les jours où vous avez vos règles et vérifiez le moment où vous commencez à ressentir de l'anxiété ou de l'agoraphobie; notez également le moment où votre phobie disparaît et la date de vos prochaines règles. Si la disparition de votre peur coïncide avec le début de vos règles, soyez assurée qu'il existe un lien entre les deux.

Les hommes ne subissent pas de changements hormonaux. Les hormones sexuelles masculines demeurent stables jour après jour tandis que les hormones féminines varient à l'intérieur d'un même mois.

Au cours d'un cycle menstruel normal, quatre hormones sexuelles différentes sont produites chez la femme: l'hormone folliculostimulante, l'hormone lutéinisante, l'œstrogène et la progestérone.

Les hormones folliculostimulante et lutéinisante agissent toutes deux sur les ovaires. La première stimule la formation de petits cercles de cellules (follicules) qui abritent l'ovule immature. L'hormone lutéinisante, libérée au milieu du cycle, aide le follicule mûri à se rompre et à libérer l'ovule, un processus connu sous le nom d'*ovulation*. L'hormone lutéinisante contribue également à la formation de nouvelles cellules à l'endroit où le follicule a éclaté et ces cellules produisent à leur tour de la progestérone.

L'œstrogène est une hormone stéroïde produite surtout par les ovaires. Elle est responsable du développement des seins et de l'apparition d'autres caractéristiques sexuelles au moment de la puberté. Elle produit également la glaire cervicale fertile, l'ouverture du col de l'utérus et l'accumulation de sang dans la muqueuse de l'utérus qu'elle prépare à la nidation de l'œuf fertilisé.

À l'instar de l'œstrogène, la progestérone est une hormone stéroïde sécrétée par les ovaires pendant la seconde moitié du cycle. Elle aide les trompes de Fallope à se contracter avec plus de force afin que l'œuf glisse plus facilement vers l'utérus. La progestérone modifie également la consistance des sécrétions vaginales qui cessent d'être un fluide aqueux pour se changer en un mucus épais et collant destiné à empêcher la pénétration de sperme dans l'utérus une fois l'œuf fertilisé.

Le niveau d'œstrogène s'élève pendant les règles et atteint un sommet vers la fin de celles-ci et quelques jours après. Puis, son taux diminue jusqu'au moment de l'ovulation; à ce moment-là, les niveaux d'œstrogène et de progestérone recommencent à augmenter pour atteindre un sommet environ une semaine avant le début des règles suivantes.

Il se pourrait qu'un taux trop faible de progestérone soit responsable de certains symptômes du syndrome prémenstruel. Quand, pendant la grossesse, les règles cessent et le taux de progestérone présent dans le sang augmente, les femmes souffrant du syndrome prémenstruel voient leurs symptômes s'atténuer.

La progestérone joue également un rôle dans la régulation de la glycémie. Nous maintenons notre taux de glucose en consommant des sucres ainsi que des hydrates de carbone présents dans les féculents comme la farine, les pommes de terre et le riz. Si le taux de glucose atteint un niveau trop bas, par exemple après un long moment passé sans nourriture, il y a danger de perdre conscience et, dans les cas extrêmes, de mourir.

Pour empêcher cela, un mécanisme de contrôle entre alors en jeu et entraîne une brusque production d'adrénaline qui mobilise le sucre emmagasiné dans les cellules et le transmet au sang afin de rétablir son taux de glucose. Toutefois, quand le sucre est puisé à même les cellules, il est remplacé par de l'eau et c'est la raison pour laquelle nous subissons une forme de rétention d'eau, de gonflement et de gain de poids pendant nos règles.

La progestérone joue un rôle dans ce mécanisme de contrôle et si son taux est trop faible avant les règles, le mécanisme se déclenche beaucoup plus tôt; autrement dit, les effets négatifs d'une glycémie peu élevée (sautes d'humeur, anxiété et ainsi de suite) se produisent plus rapidement, soit environ trois heures après les repas. C'est pourquoi il est conseillé de manger de petites portions aux trois heures pour assurer sa stabilité émotionnelle.

Assurez-vous de toujours avoir un goûter sous la main quand vous êtes loin de la maison ou faites des emplettes. Il est très important de manger aux trois heures pendant le cycle tout entier, et pas seulement avant vos règles. (Pour plus de détails sur la glycémie, voir page 48).

Surveiller son alimentation est une façon de traiter les symptômes liés au syndrome prémenstruel. L'ingestion de progestérone en est une autre. Malheureusement, administrée par voie orale, cette hormone s'est avérée inefficace dans la lutte contre le syndrome prémenstruel. On prescrit plutôt des pessaires, des suppositoires ou des injections, à partir du moment de l'ovulation jusqu'au début des règles, chaque mois. Le moment auquel on administre la progestérone doit être adapté à chaque femme de sorte que la médication puisse commencer *avant* le début des symptômes. C'est pourquoi il importe de surveiller très attentivement au moyen de tableaux à quelle étape du cycle apparaissent les symptômes. En outre, comme toutes les femmes ne réagissent pas de la même façon à l'absorption de progestérone, cela aura une influence sur le nombre de pessaires ou de suppositoires que vous devrez prendre chaque jour.

Les traitements, tant alimentaire qu'hormonal, s'ils sont suivis à la lettre, peuvent produire d'excellents résultats. Des femmes qui, année après année, s'étaient senties malheureuses et anxieuses deux semaines sur quatre ont rapporté qu'elles avaient l'impression de recommencer à vivre.

La peur due au sevrage des tranquillisants

Depuis quelques années, un nombre croissant d'articles de journaux font état de poursuites intentées contre des fabricants de tranquillisants. En 1989, un comité directeur composé de juristes-conseils et représentant 64 cabinets d'avocats écossais, se pencha sur les effets secondaires des benzodiazépines, une famille de tranquillisants qui comprend l'Ativan et le Valium. Bien que le nombre précis de requérants potentiels fût encore inconnu, la Law Society of Scotland affirma avoir reçu plus de 2 000 demandes de renseignements.

Les benzodiazépines sont principalement utilisés dans le traitement de l'anxiété et on les appelle anxiolytiques, sédatifs anxiolytiques ou calmants. Ils remplissent quatre fonctions principales: ils sont sédatifs, anxiolytiques et anticonvulsivants et ce sont des relaxants musculaires.

Les benzodiazépines

Alprazolam
Bromazépan
Chlordiazépoxide (Librium)
Chlormézanone (Trancopal)
Clobazam
Clorazépate dipotassique (Tranxene)
Diazépam (Diazémuls, Valium)
Kétazolam
Lorazépam (Ativan)
Médazépam
Oxazépam
Prazépam

Les benzodiazépines sont des «dépresseurs». Ils calment et, pris à plus forte dose, endorment. Comme ils nuisent au fonctionnement du cerveau, ils ont un effet débilitant sur le rendement mental et physique. Leurs effets secondaires englobent la somnolence, les vertiges, le manque de coordination et la difficulté à marcher, tous symptômes qui peuvent compliquer ou carrément empêcher le travail ou la conduite automobile. Certaines personnes ont rapporté qu'elles souffraient d'agoraphobie quand elles prenaient ces médicaments. Il est ironique de constater que ces médicaments, qui visent initialement à combattre l'anxiété, instillent au patient une autre forme de peur.

Même si ce sont des dépresseurs, les benzodiazépines peuvent aussi produire un effet opposé chez certaines personnes. Au lieu de les calmer, elles peuvent les exciter de sorte qu'elles deviennent agressives et, dans certains cas, portées au suicide.

On a démontré également que les benzodiazépines accentuent les effets de l'alcool et peuvent intensifier ceux d'autres médicaments comme les somnifères, les antidépresseurs ou les barbituriques qui sont souvent prescrits en conjonction avec des tranquillisants.

Toutefois, les véritables problèmes commencent quand l'utilisateur veut cesser de prendre ces médicaments. Les benzodiazépines ont un effet sur le cerveau et, pris régulièrement, ils entraînent une dépendance dans un temps relativement court (de quatre à six semaines). Si on arrête brusquement de les prendre, on souffre de graves crises d'anxiété, de tension et de panique, de nausées, de tremblements, de palpitations, de sudation et d'insomnie, et ce ne sont là que *quelques-uns* des symptômes possibles. Le National Tranquillizer Advice Centre (Centre national de conseil sur les tranquillisants), qui malheureusement a dû se dissoudre faute de fonds, a dressé une liste de *110 symptômes* reliés au sevrage! Dans les cas extrêmes, vous pouvez vous sentir dépersonnalisé (comme un automate), devenir confus et souffrir de dépression nerveuse, d'hallucinations ou de psychose paranoïaque. Vous pouvez aussi avoir l'impression de perdre la raison.

Comme certains médecins ignorent encore que ces symptômes sont causés par les modifications chimiques dues au sevrage, ils prescrivent d'autres tranquillisants ou antidépresseurs à leurs patients qui retombent alors dans un cercle vicieux.

Voici ce qu'en disent des personnes ayant cessé de prendre des tranquillisants:

> Cela fait maintenant onze mois que je ne prends plus de médicaments et je commence à mener une vie «normale». Je viens de reprendre mon travail à temps plein et, chose extraordinaire, je viens aussi de passer mon permis de conduire. À cette époque-ci, l'an dernier, j'étais une épave tremblante, incapable de sortir de la maison, craignant de rester seul. Je n'aurais jamais cru que ma vie pouvait changer autant en douze mois à peine.
>
> Parfois, je deviens très anxieux et mon cœur se met à battre trop vite sans raison; à d'autres moments, j'ai mal à la tête et je me sens malade et étourdi; il m'arrive aussi d'être déprimé sans aucune raison. Je suis persuadé qu'il s'agit encore là de symptômes de sevrage mais comme je viens de déménager, je ne veux pas consulter un nouveau médecin. Je crains qu'il n'attribue tout cela à l'anxiété comme bien d'autres avant lui.

Une autre personne qui a cessé de prendre du Librium trois mois plus tôt:

> Quand je suis épuisée, ce qui m'arrive souvent, j'ai des palpitations qui me dérangent et j'ai de la difficulté à dormir. Si je suis tendue, je deviens très consciente de mon cœur qui bat fort et j'ai du mal à respirer d'une manière naturelle et détendue. Il m'arrive aussi de bondir dans mon sommeil, cela m'éveille et j'ai peur. J'ai éprouvé ces symptômes quand je prenais du Valium.

Ces symptômes de sevrage peuvent durer *des mois* et non seulement des semaines comme le pensent certains médecins. L'ignorance de ce fait primordial contribue à aggraver la situation, comme le décrivait une cliente:

> J'ai pris du Valium (ou l'équivalent) pendant dix ans. On m'avait prescrit ce médicament pour des migraines et à l'époque, j'ai consulté toute une panoplie de psychiatres et de psychologues. Aucun ne pouvait m'aider et aucun ne croyait que les benzodiazépines pouvaient jouer un rôle important dans mon état.

En réduisant ma dose de 15 mg par jour, j'ai cessé de prendre du Valium et je me sentais bien, je ressentais très peu de symptômes de sevrage, etc. Mais soudain, j'ai commencé à avoir des palpitations nocturnes, à souffrir d'arythmie cardiaque et mon pouls demeurait très rapide. Mon médecin m'a prescrit des béta-bloquants qui m'ont assommée. Ne sachant plus que faire, il m'a remis au Valium, 6 mg. J'étais tout à fait terrifiée et paniquée — je n'avais pas songé un instant que mes symptômes étaient dus au sevrage — après tout, le médecin avait dit que cela ne prendrait que TROIS SEMAINES!

Maintenant, je suis redescendue à 2 mg par jour. À différents moments, je souffre de tous les symptômes de sevrage que vous mentionnez, plus quelques autres, le pire étant la panique qui m'envahit à la moindre pensée. Je dois alors me retenir pour ne pas me précipiter à l'école de mon fils pour m'assurer qu'il va bien, etc. En outre, j'ai de la difficulté à me concentrer et quand je suis avec des gens surtout, j'ai l'impression d'être incapable de réagir. J'ai le sentiment de n'être à ma place nulle part et je traverse des périodes de dépression. *C'est comme s'il y avait une barrière transparente autour de moi. Je suis incapable de sortir et les autres ne peuvent pas entrer non plus.*

J'ai parlé de ces sensations horribles à un psychiatre qui essaie de creuser beaucoup plus loin et ne croit pas qu'elles sont dues au sevrage. J'ai l'impression d'être prisonnière d'un «système» appelé «névrose d'angoisse» et personne ne sait au juste quoi faire avec moi. Je me sens rejetée et angoissée; après tout, s'ils ne peuvent pas m'aider, qui le pourra?

L'État de New York, aux États-Unis, fut le premier à prendre des mesures sévères à l'endroit des benzodiazépines. Selon le *New York Times,* le programme, mis en œuvre le 1er janvier 1989, interdit la prescription de médicaments pour plus d'un mois à la fois ainsi que le renouvellement automatique des ordonnances et stipule qu'une copie de chaque ordonnance doit être envoyée à l'État, le médecin et le pharmacien conservant les deux autres. Des fonctionnaires de la santé ont déclaré au quotidien que ces contrôles étaient nécessaires afin d'identifier les médecins qui prescrivent les médicaments d'une manière trop libérale et de tarir les «moulins à pilules» qui vendent des ordonnances aux toxicomanes et aux adolescents. Le National

Institute of Drug Abuse (Institut national de toxicomanie) a découvert que le pourcentage d'ordonnances illégales délivrées aux toxicomanes adultes, qui s'élevait à 3,1 p. 100 en 1980, avait plus que doublé en 1985 et représentait 7,1 p. 100 de toutes les ordonnances relatives aux benzodiazépines.

Tout cela n'est guère réjouissant pour quiconque veut cesser de prendre des tranquillisants, et il est triste que les personnes qui veulent reprendre leur vie en main en faisant courageusement une croix sur leurs pilules ne puissent bénéficier d'un meilleur soutien. Par ailleurs, les patients doivent savoir qu'ils ne sont pas en train de perdre la raison quand ils éprouvent les symptômes terrifiants du sevrage et que s'ils persévèrent, ils finiront par se débarrasser *et* des pilules *et* des symptômes.

Les tranquillisants *peuvent* être utiles pendant une courte période mais ils ne seront jamais une vraie solution aux symptômes de l'anxiété. Au lieu d'avaler une pilule, voyez un conseiller ou un thérapeute pour trouver la cause de votre anxiété. Vous pourrez ainsi travailler sur le problème sous-jacent et n'ajouterez pas le problème de la dépendance à celui de l'anxiété.

La peur due à l'état de santé, aux allergies et aux stimulants

Si vous souffrez d'une forme d'anxiété quelle qu'elle soit, vous devriez vérifier si elle n'est pas due à un problème physique ou alimentaire ou à un abus de stimulants tels que le café, le thé ou la nicotine. Même si elles ne sont pas toujours la seule cause de notre peur, ces substances peuvent dans bien des cas l'exacerber fortement.

Les deux principaux états de santé susceptibles de causer l'anxiété ou la panique sont l'hypoglycémie et l'hyperthyroïdie.

L'hypoglycémie résulte d'une baisse temporaire du taux de glucose sanguin. Le glucose permet à notre corps et à notre cerveau de fonctionner normalement; il nous donne de l'énergie, nous garde éveillés et même en vie. Si notre glycémie baissait au-delà d'un certain point, nous entrerions dans le coma et finirions par mourir.

La glycémie est contrôlée par un mécanisme interne qui surveille la hausse et la baisse du taux de glucose entre des seuils supérieur et inférieur. Il y a hypoglycémie quand ce taux descend au-delà de la limite inférieure et cela peut être causé soit par le stress, soit par la consommation d'une trop grande quantité de sucre. Un stress soudain ou chronique peut, parce qu'il impose des exigences accrues au système, entraîner une déperdition rapide de sucre. Vous éprouvez de l'anxiété et de la confusion parce que le taux de glucose de votre cerveau est trop bas *et* que votre système est envahi par l'adrénaline et le cortisol.

Une chose similaire se produit si vous mangez trop de sucre (et surtout du sucre raffiné). Dans ce cas, le pancréas est forcé de libérer une grande quantité d'insuline afin de permettre à l'excès de sucre d'être absorbé par les cellules. Si vous mangez trop de sucre, vous commencez par éprouver un «haut» aussitôt suivi, environ une demi-heure plus tard, d'un «bas» et c'est ce «bas» qui coïncide avec une sensation de nervosité ou de peur.

Vous trouverez des façons de traiter l'hypoglycémie à la page 176 du chapitre 3 de ce livre.

L'hyperthyroïdie (ou thyréotoxicose) est l'autre état physique souvent associé à l'anxiété. Cette maladie touche sept fois plus de femmes que d'hommes et souvent plusieurs membres d'une même famille. Elle résulte soit d'une déficience en iode qui cause le goitre, soit d'un processus pathologique appelé auto-immunisation dans lequel le système immunitaire produit des auto-anticorps nocifs pour les tissus du corps.

L'hyperthyroïdie commence habituellement avec l'apparition graduelle de symptômes comme une nervosité accrue et une instabilité émotionnelle (sautes d'humeur), associés à un léger tremblement des mains. La personne a chaud et transpire facilement, son pouls s'accélère, sa pression sanguine monte et son cœur bat frénétiquement. (Ces symptômes sont les mêmes que ceux que produit une grande frayeur!) L'excès d'hormones thyroïdiennes entraîne une accélération du métabolisme de sorte que la personne maigrit même si son appétit augmente. Souvent, on observe un renflement au cou, là où se trouve la glande thyroïde.

Dans bien des cas, des médicaments visant à empêcher la production d'hormones thyroïdiennes viennent à bout de l'hyperthyroïdie. Une autre option consiste à retirer la plus grande partie de la thyroïde afin de normaliser la production hormonale.

L'anxiété et la panique peuvent aussi être causées par une réaction allergique à certains aliments ou additifs alimentaires. Depuis quelques années, on s'intéresse au rapport qui existe entre les réactions négatives à certains aliments et divers maux comme la céphalée, la léthargie, l'obésité, les troubles intestinaux, l'hyperactivité, la dépression et l'anxiété chronique.

Les allergies alimentaires ne sont pas toujours faciles à détecter sauf si vous réagissez aussitôt après avoir ingéré l'aliment. Une amie à moi s'était évanouie à plusieurs reprises après avoir mangé du dessert jusqu'à ce qu'elle découvre qu'elle était allergique aux noix. Dans un cas semblable, il est facile d'éliminer l'aliment en cause et tout va bien tant que l'on n'en mange pas.

Les *allergies alimentaires cachées* posent un autre type de problème. Si vous souffrez de ce type d'allergie, vous éprouvez une violente envie de manger des aliments allergènes et en êtes véritablement dépendant. Peut-être connaissez-vous quelqu'un qui doit manger du chocolat chaque jour. Certaines personnes ont un besoin maladif de manger du pain ou des produits laitiers sans se rendre compte que ces aliments ont une influence négative sur leur bien-être. Les effets nocifs des aliments allergènes ne deviennent visibles que si vous évitez d'en manger pendant un jour ou deux. Soudain, vous vous sentez agité, irritable et désorienté, et cela vous rend anxieux.

Pour savoir comment détecter une allergie alimentaire cachée, veuillez consulter la rubrique qui porte sur la nutrition (page 177).

Cependant, les aliments ne sont pas les seuls à pouvoir causer des allergies et par conséquent des symptômes propres à l'anxiété; de nos jours, les préservatifs et autres additifs alimentaires sont aussi coupables. Le soi-disant «syndrome du restaurant chinois» fut découvert par le Dr Robert Kwok, qui était friand de ce type de mets. Un jour qu'il dégustait un repas chinois, il fut saisi d'une atroce douleur à la poitrine, crut qu'il faisait une crise cardiaque et s'effondra. La douleur disparut peu de temps après, mais le Dr Kwok était déterminé à trouver la cause de cette crise soudaine. Il découvrit qu'il était allergique au *glutamate monosodique*, un ingrédient couramment utilisé dans la cuisine chinoise pour rehausser la saveur des aliments.

D'autres substances non alimentaires susceptibles de causer des allergies sont les gaz, les fibres synthétiques, les vapeurs d'essence, le goudron, les cosmétiques et les produits d'entretien domestique, pour n'en nommer que quelques-uns. Si vous soupçonnez que vous pourriez être allergique à l'une de ces substances et êtes incapable de le vérifier par vous-même, n'hésitez pas à consulter un allergiste ou un kinésithérapeute.

Les derniers ingrédients, mais non les moindres, de la liste des aliments nocifs sont les stimulants tels que le café, le thé et la nicotine. Au cours des dix dernières années, on a parlé de plus en plus des effets nocifs de la caféine. Cette substance est aujourd'hui associée à des états comme la tension nerveuse, l'anxiété, l'insomnie, la dépression, les tremblements, les maux de tête et même les maladies de cœur.

La caféine se retrouve dans le café, le thé (mais non dans les tisanes), les colas, le chocolat, le cacao et certains analgésiques. Si un excès de caféine peut être anxiogène, c'est que cette substance produit sur-le-champ un effet stimulant sur le corps. En premier lieu, elle augmente le taux de norépinéphrine dans le cerveau, ce qui vous rend plus «alerte.» En second lieu, elle influence votre système nerveux sympathique qu'elle active *comme si vous subissiez un stress.* Ce qui veut dire qu'elle entraîne une production d'adrénaline qui vous procure un sentiment d'inquiétude.

Outre le fait qu'elle cause ou aggrave l'anxiété, la caféine empêche également l'absorption de vitamines essentielles comme la B1 et de minéraux comme le zinc et le fer, ce qui peut affaiblir la résistance du corps aux infections, et perturber la production hormonale et le fonctionnement du cerveau.

La nicotine est un stimulant aussi puissant que la caféine. Comme elle rétrécit les vaisseaux sanguins, le cœur doit fournir un effort beaucoup plus grand pour pomper le sang dans votre système. Ainsi, non seulement vous augmentez vos risques de souffrir de varices, d'insomnie et de troubles cardiaques, mais en outre, vous accroissez fortement, avec chaque cigarette, vos chances de devenir anxieux par suite d'une excitation physiologique accrue.

Vous trouverez des conseils sur la façon de réduire votre consommation de caféine et de nicotine au chapitre sur la nutrition, aux pages 180 à 182.

PROCESSUS CONSCIENTS ET SUBCONSCIENTS

Dans l'introduction de ce livre, j'ai déjà décrit brièvement comment se produisait une réaction automatique de peur. J'aimerais maintenant analyser plus en détail l'interrelation entre les processus conscients et subconscients qui entrent en jeu puisque la connaissance de ces processus est essentielle pour résoudre les traumatismes causés par la peur.

Nous avons autant besoin de notre esprit conscient que de notre subconscient pour fonctionner avec compétence dans la vie de tous les jours. L'esprit conscient nous aide à prendre des décisions logiques au jour le jour alors que le subconscient gouverne notre système nerveux sympathique et contrôle toutes les fonctions involontaires de notre corps, tout en emmagasinant nos expériences sous forme de souvenirs. Il entrepose tout ce que nous avons appris dans le passé, depuis la façon de lacer nos chaussures jusqu'à l'emploi d'un crayon, depuis la conduite automobile jusqu'au fonctionnement de l'ordinateur. En outre, le subconscient est le siège de l'intuition, des idées, des habitudes, des attitudes, de l'image de soi et de la gamme complète des émotions.

Comme vous pouvez le voir, le subconscient est beaucoup plus occupé que l'esprit conscient. En fait, ce dernier n'utiliserait environ que 5 p. 100 de notre cerveau et le subconscient, les 95 p. 100 qui restent. Cela signifie, bien sûr, que nous n'exploitons pas une très grande partie de nos capacités, mais aussi que notre comportement et nos réactions sont dans une large mesure déterminés par des éléments extérieurs à l'esprit conscient.

Rappelez-vous la dernière fois où vous avez pris la décision consciente de vous ressaisir sur un certain point pour découvrir que vos sentiments l'emportaient sur votre volonté. Vous étiez déterminé à renoncer à la cigarette, vous vous étiez donné toutes les raisons logiques de le faire, mais la vue d'un paquet de cigarettes a eu raison de votre détermination. Vous aviez décidé de rester calme pour aborder un sujet contrariant avec votre partenaire, mais vous avez quand même fini par sortir de vos gonds. Vous comptiez vous attaquer enfin à un travail délicat, mais l'avez encore remis à plus tard parce que vous étiez tout bonnement incapable d'y faire face. Tous ces exemples mettent en valeur une lutte entre l'esprit rationnel et l'esprit irrationnel. Or quand ces deux esprits croisent le fer, c'est toujours le subconscient qui l'emporte.

Même si le subconscient constitue la plus grande partie du cerveau, ce n'en est pas moins la plus simple. Avec lui, c'est tout l'un ou tout l'autre: ou il se passe quelque chose ou il ne se passe rien; que du noir et du blanc, aucune zone ombragée entre les deux. Le subconscient fonctionne aussi comme un système auto-pilote. Il réagit automatiquement et se met en marche au moindre stimulus. Vous regardez une photographie représentant une magnifique plage, votre subconscient libère dans votre corps des hormones qui vous détendent et accentuent votre bien-être. Vous voyez deux personnes vider une querelle dans un bistrot, votre subconscient vous donne des signaux d'inconfort et vous partez. Parce qu'il fonctionne sur le pilote automatique, le subconscient est très rapide et très efficace. L'esprit conscient, quant à lui, peut réfléchir d'une manière complexe et couvrir toutes les zones «grises», mais à cause de cela, il est moins puissant et il réagit moins vite que le subconscient. Par conséquent, si votre estime de soi (subconscient) est médiocre et que vous décidez (conscient) de solliciter un poste plus élevé, il y a de bonnes chances pour que votre vision négative inconsciente de vous-même sabote vos entreprises conscientes. Soit vous remettez sans cesse à plus tard l'envoi de votre demande, soit vous êtes tellement nerveux à l'entrevue que vous êtes recalé.

C'est seulement lorsque vos sentiments (subconscient) sont en harmonie avec votre volonté (conscient) que vous pouvez obtenir les résultats que vous visez. De sorte que si vous êtes esclave d'un comportement ou d'une réaction non désirée comme la peur, vous devrez opérer des changements au niveau subconscient parce que c'est de là que vient votre peur, et toute autre émotion d'ailleurs. Les changements conscients sont inutiles tant que le subconscient ne change pas. *Vouloir* ne plus avoir peur ne fait que créer un conflit interne en vous et gaspiller une grande quantité de votre précieuse énergie. Si vous avez peur de prendre l'avion et vous forcez à le faire, vous serez tout à fait épuisé à la fin du voyage. Si vous souffrez d'anxiété, vous constatez que vous êtes toujours fatigué, pour la simple raison que vous devez constamment vous ressaisir pour passer à travers la journée.

Le subconscient est toujours de notre côté; il agit comme un protecteur et s'efforce de nous protéger du mal. En ce sens, une réaction de peur doit être vue comme une réaction fondamentalement positive face à un péril supposé et comme telle, elle est certes très utile. Mais si cette réaction protectrice nous empêche trop souvent de fonctionner, elle nous affaiblit aussi. Comme nous n'abordons pas suffisamment de problèmes et affrontons trop peu de difficultés, notre capacité d'adaptation dépérit faute d'entraînement.

Comme la peur émane de notre subconscient, nous pouvons reconnaître consciemment qu'il est bête d'avoir peur de prendre la parole devant nos collègues tout en étant incapables de chasser nos appréhensions. Il ne sert à rien de dire à une personne qui souffre de phobie de se «ressaisir». Se ressaisir est un acte conscient; c'est un effort de volonté spécial qui est censé résoudre un problème d'une manière rationnelle. Malheureusement, ce n'est pas à ce niveau mental que naît le problème, comme nous l'avons vu. Toute approche visant à éliminer la peur devra apporter des changements au subconscient. Cela signifie que la personne doit modifier une attitude précise. Si elle se sent inutile, elle doit sentir qu'elle peut être utile; si elle se considère une victime, elle doit prendre contact avec son pouvoir; si elle ne peut ressentir que de la peur, elle doit éprouver d'autres émotions plus actives comme la colère. Pour que ses peurs disparaissent, elle doit remplacer ses vieilles attitudes par des attitudes nouvelles et plus fructueuses.

Il existe une variété de techniques, employées de façon individuelle ou en thérapie, qui peuvent être très utiles dans ce contexte; nous les examinerons au chapitre 3.

LES SYMPTÔMES PHYSIQUES, MENTAUX ET ÉMOTIONNELS

Comment savez-vous que vous avez peur? Si vous n'avez pas peur en ce moment même, vous aurez peut-être de la difficulté à répondre à cette question. La plupart des gens situent la peur dans l'estomac ou le ventre où ils éprouvent des sensations désagréables («des papillons?»); d'autres décriront des symptômes tels que mains moites, genoux tremblants et cœur qui bat frénétiquement.

Comme nous l'avons vu, les sentiments relèvent du subconscient de même que les fonctions corporelles involontaires du système nerveux sympathique. Ce système régit les fonctions comme la dilatation des pupilles selon les variations d'intensité lumineuse, la chair de poule due au froid (ou à la peur!) et les rythmes de sommeil et de veille, pour n'en nommer que quelques-unes. Toutes ces fonctions sont directement reliées à notre état émotif et chaque changement émotif, aussi léger soit-il, influence les modifications délicates de la chimie du sang. Cela est nécessaire pour que le corps fonctionne constamment à un niveau optimal. Si nous devons fournir un effort de concentration, le corps libère immédiatement certains transmetteurs qui améliorent notre rendement. Quand nous sommes heureux, le cerveau libère des endorphines qui créent un état «high»; quand nous sommes en colère, il y a production d'adrénaline et le cœur bat plus vite pour nous préparer à l'action.

À l'instar de tous ces autres sentiments, la peur entraîne aussi des changements physiologiques, et plus elle est forte, plus ces changements sont importants. Selon l'intensité de votre peur, vous éprouverez certains ou tous les symptômes de la liste ci-dessous. Certains d'entre eux sont visibles aux yeux d'un observateur étranger.

Symptômes physiques

cheveux	dressés sur la tête dans une situation anxiogène.
mâchoire	dents serrées; grincements de dents pendant le sommeil.

gorge	serrement; incapacité de déglutir; sécheresse de la bouche; étouffement; parle d'une voix «comprimée».
épaules/cou	tension, sensation occasionnelle de «blocage»; douleur associée au mouvement et à l'immobilité assise; sensibilité au toucher; raideur; maux de tête dus à la tension ressentie dans ces régions.
dos	voir épaules/cou; aussi élancements dans la région du dos ou en travers du dos.
respiration	irrégulière; peu profonde, ne remplit que la partie supérieure des poumons parce que le diaphragme est à l'étroit; hyperventilation pouvant surgir sans raison apparente et entraînant des vertiges et la peur de s'évanouir ou de tomber.
cœur	palpitations (cœur qui bat vite sans raison apparente); «pince» autour du cœur; serrement de poitrine semblable aux symptômes d'une crise cardiaque.
estomac	«nœud», «papillons»; borborygmes; tension inconfortable entraînant une perte d'appétit; des ulcères peuvent apparaître si la nourriture est remplacée par l'alcool ou les cigarettes; nausées; peur de vomir.
intestins	changements négatifs dans le fonctionnement des intestins (constipation, diarrhée); côlon irritable; besoin d'uriner plus fréquent.

système immunitaire	tendance à attraper toutes les maladies qui courent; possibilité accrue de tomber malade en raison d'une résistance affaiblie aux virus et autres agents pathogènes; les maladies existantes peuvent s'aggraver; les blessures guérissent mal ou lentement. La sclérose en plaques n'atteint que les personnes au tempérament anxieux.
règles	douleurs; règles irrégulières ou absentes.
mouvements convulsifs	pouvant durer longtemps avant de cesser brusquement pour reprendre plus tard.
rougeurs tremblements fatigue	bâillements répétés; manque d'énergie peu importe la quantité de sommeil; sentiment général d'épuisement.
peau	apparition d'eczéma ou aggravation de l'eczéma existant; démangeaisons; sensations d'engourdissement.

Tous ces symptômes physiques peuvent découler d'une peur qui survient à un moment précis, d'une exposition prolongée à des situations anxiogènes ou de réactions de peur face aux événements de tous les jours en raison d'incidents passés non résolus.

En parcourant la liste des symptômes ci-dessus, vous comprendrez qu'un grand nombre d'entre eux pourraient aussi être vus sous un angle différent. Vous pouvez souffrir de maux de tête constants parce que vous avez une tumeur au cerveau ou êtes allergique au fromage ou au vin; vous pouvez avoir la diarrhée parce que vous avez mangé un aliment gâté; vous pouvez ressentir des douleurs dans le dos parce que vous vous êtes déplacé un disque ou tapez à la machine assis sur une chaise qui ne convient pas à ce genre de travail. En général, une variété de facteurs peuvent produire les symptômes ci-dessus et il faut vérifier d'abord si un problème mécanique n'est pas à l'origine du malaise avant de présumer qu'il est dû à l'anxiété ou au stress. Une fois ces facteurs physiques ou mécaniques écartés, il y a de bonnes chances pour que le problème soit de nature psychosomatique, c'est-à-dire que vos symptômes physiques résultent d'un déséquilibre émotif. Ce déséquilibre peut être provoqué par une peur excessive ou persistante.

Toutefois, les symptômes physiques ne représentent qu'*un* aspect de la peur. Ils s'accompagnent de symptômes mentaux et émotionnels qui tendent à exacerber le problème initial.

Symptômes mentaux et émotionnels

manque de concentration	incapacité d'assimiler ce qu'on vous dit; nécessité de relire la même page plusieurs fois.
mémoire	défaillante; incapacité de se rappeler des choses simples et courantes.
précipitation	physique et mentale; incapacité de se détendre et de ne rien faire; difficulté de méditer et de faire du yoga.
bougeotte	incapacité de rester assis calmement; tendance à se mordiller et à se ronger les ongles; à se mettre les doigts dans le nez; à s'arracher les cheveux.
insécurité	incapacité de prendre des décisions; refus des responsabilités.
dépression	refus d'affronter le monde; retrait de la vie sociale.
agressivité	tendance à chercher la petite bête; à s'emporter à la moindre complication; irritabilité.

vulnérabilité	tendance à pleurer constamment et à éviter tout ce qui peut créer du stress; la personne se sent à la merci des autres; est méfiante; se sent persécutée; est autocritique de façon excessive.
comportement déconcertant	ne fait pas les choses d'une manière ordonnée; entreprend plusieurs projets mais ne les termine pas; est gauche, commet des erreurs stupides; refait sans cesse les mêmes erreurs; essaie de tout faire en même temps.
névrose obsessionnelle	a des pensées négatives récurrentes qu'elle ne peut stopper; exige que tout soit parfaitement en ordre tout le temps; besoin exagéré d'ordre; vérifie et re-vérifie les serrures, les robinets, la cuisinière, etc.
sentiment d'incompétence	s'excuse beaucoup; se dénigre.
faible tolérance à la frustration	abandonne facilement quand quelque chose ne donne pas tout de suite les résultats escomptés.
attentes exagérées	face à soi et aux autres.
manque de motivation	apathie; perte d'intérêt pour tout ce qui n'est pas strictement nécessaire à la survie quotidienne.
élocution	bégaiements; hésitations.
sommeil	perturbé; insomnie; cauchemars; énurésie chez les enfants.
sexualité	impuissance; éjaculation précoce; vaginisme; frigidité.

détachement	sentiment de ne pas être en contact avec soi-même; de ne pas être soi-même (dépersonnalisation).
désorientation	se perd facilement.

Au contraire des symptômes physiques, on peut dire qu'un grand nombre des symptômes mentaux et émotionnels mentionnés ci-dessus sont une conséquence directe de la peur. Ils ne sont pas nécessairement *tous* présents quand on souffre de la peur, mais quel que soit le symptôme que l'on ressent, il faut à coup sûr considérer la peur comme une cause importante. Cela étant dit, peu importe qu'une personne ait toujours ressenti ces symptômes mentaux et émotionnels ou qu'ils soient apparus plus tard dans sa vie; ils indiquent toujours la présence de la peur sous une forme ou une autre.

LES AVANTAGES SECONDAIRES

Personne n'*aime* avoir peur, mais cela présente parfois des avantages.

Si une mère stricte et peu affectueuse devient attentionnée et bienveillante quand ses enfants ont peur la nuit, avoir peur entraîne alors un effet positif. Si un mari d'ordinaire froid devient soucieux et attentif chaque fois que sa femme a peur d'une araignée, la phobie des araignées produit un effet secondaire bénéfique certain et le mari s'étonnera de constater la prolifération apparente de ces bestioles dans sa maison...

Chaque fois qu'une personne utilise la peur ou la maladie pour susciter une réaction précise dans son entourage, on parle d'avantage secondaire. Peut-être avez-vous employé ce truc étant enfant pour ne pas aller à l'école. Vous n'éprouviez qu'un léger malaise à l'estomac, mais vous en avez exagéré l'importance afin de pouvoir rester à la maison. Ou peut-être avez-vous prolongé une maladie et refusé d'admettre que vous alliez mieux afin de continuer de recevoir de l'attention; autrement dit, vous vous êtes servi de votre maladie pour atteindre un but précis.

Peu importe que vous utilisiez la maladie ou la peur à cette fin. Dans les deux cas, vous attirez l'attention d'une manière indirecte en manipulant les autres au moyen de votre symptôme. Vous le faites parce que vous ne croyez pas pouvoir obtenir cette attention autrement.

Cela ne veut pas dire que la peur n'est pas réelle ou que la personne qui a peur ne souffre pas, au contraire. Une fois la peur bien ancrée, elle peut causer beaucoup de torts surtout quand elle cesse de produire l'effet désiré qui est d'attirer l'attention. Souvent, ce qui trahit la personne, c'est qu'elle se décide à demander de l'aide parce qu'elle y est poussée par son partenaire, elle-même étant persuadée que personne ne peut l'aider; elle ne vient que «pour faire plaisir à son partenaire»; elle craint de renoncer à la peur parce qu'elle perdrait son moyen d'attirer l'attention et l'affection des autres. Sa peur lui confère sur les autres un certain pouvoir auquel elle répugne à renoncer.

Une cliente vint me voir en compagnie de son mari. Elle souffrait d'agoraphobie au point de ne pas pouvoir quitter la maison sans celui-ci. Elle était donc forcée d'attendre son retour du travail ou le samedi pour effectuer ses emplettes. Pendant la journée, elle restait à l'intérieur, vaquant à ses tâches ménagères et recevant occasionnellement la visite d'une amie. Tout cela me fut raconté par le mari pendant que sa femme était assise sur sa chaise comme une écolière convoquée chez le directeur pour sa mauvaise conduite. En fin de compte, je dus faire sortir le mari parce qu'il répondait toujours à la place de sa femme.

Quand Irène me raconta son histoire, cela confirma rapidement le fait que son mari Pierre dominait leur mariage; ce dernier avait la critique facile et l'éloge rare, et il se montrait en général peu démonstratif. Irène était devenue agoraphobe la troisième année de leur mariage. Elle avait toujours été assez timide et les critiques constantes de son mari avaient porté un rude coup à sa confiance en elle et à son amour-propre. À certains moments elle refusait de sortir parce qu'elle était déprimée et angoissée. Son mari s'était de plus en plus détaché d'elle et lui avait intimé l'ordre de se ressaisir et de ne pas afficher constamment cet «état d'esprit», à défaut de quoi il la quitterait.

Le vase déborda quand Irène découvrit dans le manteau de son mari un mot indiquant qu'il voyait une autre femme.

Elle en fut très secouée et eut l'impression que le ciel lui tombait sur la tête. C'est à ce moment que son agoraphobie s'aggrava. Comme elle ne pouvait plus faire les courses ni aller au bureau de poste ou chez le médecin seule, son mari devait rentrer directement après le travail et soit faire les courses à sa place, soit l'accompagner. Irène se mit également à craindre de rester seule à la maison de sorte qu'il fut forcé de passer une grande partie du temps avec elle pendant le week-end et de rester à la maison quand il ne travaillait pas.

En lisant ce récit, vous aurez sans nul doute compris la nature de l'avantage que tirait Irène de sa phobie. D'une part elle limitait le temps libre dont disposait Pierre pour voir sa maîtresse et d'autre part, elle s'assurait qu'il passait beaucoup de temps avec elle et lui accordait de l'attention. Même si Pierre n'était plus gentil avec elle, aucune autre femme ne pourrait l'avoir! C'était presque comme une revanche qu'elle prenait sur lui. Elle voulait garder son mari, mais elle voulait aussi le punir de son comportement indélicat.

Il n'est pas toujours facile d'évaluer dans quelle mesure une peur est utilisée consciemment pour manipuler et dans quelle mesure elle est réelle. Dans presque tous les cas, notre peur est en grande partie authentique et nous ne sommes pas conscients des avantages secondaires qu'elle nous procure.

Il peut être difficile de traiter les personnes dont la peur est fondée sur un système d'avantages secondaires parce que soit elles refusent de collaborer, soit elles semblent le faire mais trouvent des prétextes pour ne pas effectuer le travail nécessaire, comme de noter ce qui se passe pendant la journée, à quel moment la peur apparaît, et ainsi de suite. Ces clients sont en général très peu motivés et ils ont tendance à décrocher. Quand ils persévèrent, ils donnent souvent l'impression de vouloir prouver que nul ne peut les aider, ce qui est leur façon de dire qu'ils ne veulent pas se débarrasser du problème.

Je suis heureuse de dire qu'au cours de mes nombreuses années de travail comme thérapeute, j'ai rencontré très peu de clients comme cela.

CHAPITRE 2

Différentes peurs

Après avoir examiné les principes qui gouvernent la peur ainsi que ses causes et ses effets, nous nous pencherons maintenant sur les différences qualitatives et quantitatives entre les divers types de peur; en d'autres termes, nous regarderons les divers niveaux et catégories de peur. Naturellement, la frontière est floue entre l'endroit où s'arrête l'appréhension et celui où commence l'anxiété et dans ce sens, toute catégorisation est nécessairement artificielle.

Les peurs ne sont pas stables; elles peuvent varier en intensité et en fréquence d'une journée à l'autre selon votre humeur et les circonstances du moment. Cela peut vouloir dire que certains jours, votre peur est presque intenable tandis que les «bons jours», elle est assez facile à contrôler.

Je décrirai chaque niveau d'une manière aussi détaillée que possible afin de vous donner la chance de comparer mon tableau et votre expérience et de déterminer le degré de peur dont vous souffrez. Vous voudrez peut-être réfléchir quelques minutes aux moments où votre peur était à son comble, cela vous aidera à trouver la bonne catégorie.

LES DIFFÉRENTS NIVEAUX

Dans les pages suivantes, j'utiliserai un système de notation visant à indiquer l'intensité de chaque peur. L'échelle va de 0 à 10. *Veuillez noter qu'il ne s'agit pas d'une échelle scientifique.*

Chacun éprouve de la peur à sa manière. On peut comparer cela aux différents seuils de tolérance à la douleur. Si vous placiez le bras de plusieurs personnes dans un étau en leur demandant à quel moment elles commencent à ressentir de la douleur, vous obtiendriez des réponses différentes. Même si vous pouvez mesurer d'une manière scientifique le degré de fermeture de l'étau, certaines personnes vous arrêteront beaucoup plus vite que d'autres. Il y a de bonnes chances pour qu'une personne anxieuse ressente de la douleur plus vite qu'une personne sûre d'elle. C'est parce que la peur exacerbe la perception de la douleur, les deux étant étroitement liées. Donc, dans cet exemple nous pouvons mesurer la largeur de l'étau, mais nous ne pouvons pas évaluer l'état mental et émotionnel du sujet. La seule indication que nous avons sur cet état est la perception que lui-même en a, c'est-à-dire le moment où il commence à ressentir de la douleur.

Et même cette indication peut varier d'une journée à l'autre. Une femme à la veille d'avoir ses règles peut être plus sensible à une pression exercée sur sa peau que pendant les autres jours de son cycle; un homme qui a bu la veille peut être plus sensible à la douleur que les jours où il est bien reposé et sobre.

La peur subit les mêmes variations. La seule chose que nous pouvons mesurer scientifiquement, ce sont les réactions physiques telles que la tension de la peau, la pression sanguine, etc., mais si vous avez une phobie des araignées, sortir votre chronomètre pour compter vos pulsations cardiaques est bien la dernière chose à laquelle vous penserez si une de vos petites amies se promène sur la moquette! Donc, ici encore, votre seul indice est *votre perception* de la peur et ses effets sur votre corps.

Dans le chapitre précédent, nous avons vu quels étaient les symptômes physiques de la peur. Mentionnons que peu importe l'intensité du choc subi, on arrive en général à se rappeler après coup les symptômes physiologiques que l'on a éprouvés pendant ou *peu après* le moment anxiogène.

Dans ma description des divers niveaux de peur, je prendrai donc en considération ces symptômes physiques, qui devraient vous donner une idée approximative de votre degré de peur. La connaissance de ce degré vous aidera à déterminer si vous avez besoin d'une aide professionnelle ou si vous pouvez venir à bout de votre peur au moyen de techniques individuelles.

Comme j'utiliserai cette échelle dans d'autres parties de ce livre, je vous recommande de placer un signet à cette page afin de pouvoir vous y rapporter au besoin.

ÉCHELLE DE LA PEUR EN 10 POINTS

NIVEAU 0 (absence de peur)
symptômes physiques:	calme, détendu
symptômes mentaux:	calme, détendu, alerte
symptômes émotionnels:	paisible
comportement:	rationnel, organisé, pondéré, calme et concentré

Commentaires: Cet état n'est pas un état permanent. La plupart des gens ne l'atteignent que dans leur sommeil, lorsqu'ils méditent ou qu'ils sont en vacances et ne subissent aucune contrainte extérieure.

NIVEAU 1
symptômes physiques:	calme, détendu
symptômes mentaux:	inquiétudes mineures et fugaces qui ne laissent pas de trace visible; excellente concentration
symptômes émotionnels:	calme
comportement:	rationnel, organisé, pondéré, calme et concentré

Commentaires: État difficile à atteindre sauf si vous êtes une personne très équilibrée et vraiment facile à vivre.

NIVEAU 2

symptômes physiques:	calme, légères sensations de «bourdonnement» dans le corps
symptômes mentaux:	pensées et inquiétudes récurrentes, légère distraction occasionnelle
symptômes émotionnels:	léger malaise, souvent encore inconscient
comportement:	rationnel, organisé

Commentaires: Niveau confortable que bien des gens peuvent atteindre la plupart du temps.

NIVEAU 3

symptômes physiques:	léger malaise ressenti dans la région de l'estomac
symptômes mentaux:	inquiétude; ressasse le même problème sans arrêt
symptômes émotionnels:	malaise persistant et conscient
comportement:	rationnel, organisé, concentration encore bonne même si l'esprit s'égare à l'occasion

Commentaires: L'apparition de symptômes physiques marque le début du «niveau d'inconfort», un niveau de peur pas très grave et facile à contrôler.

NIVEAU 4

symptômes physiques:	malaise au niveau de l'estomac, légère tension dans le cou, les épaules et le dos
symptômes mentaux:	inquiétude qui commence à nuire légèrement au rendement
symptômes émotionnels:	malaise manifeste, appréhension
comportement:	encore rationnel, commet des erreurs à l'occasion en raison d'un manque de concentration

Commentaires: Comme son rendement commence à en souffrir, la personne doit s'efforcer de réduire son stress. Elle y parviendra facilement grâce aux techniques individuelles.

NIVEAU 5

symptômes physiques:	comme au niveau 4, mais aussi serrement de dents involontaire (douleur à la mâchoire), possibilité de maux de tête, respiration souvent irrégulière
symptômes mentaux:	difficulté à se détendre, mémoire défaillante, insomnie
symptômes émotionnels:	stress, sautes d'humeur
comportement:	encore en grande partie rationnel, mais agité et légèrement désorganisé; prend des décisions irrationnelles quand son moral est bas mais est encore capable de dominer sa peur rationnellement

Commentaires: Le moment est venu de prendre des mesures positives, car la peur peut devenir un véritable problème si vous ne la surveillez pas. Vous devez absolument contrôler votre stress.

NIVEAU 6

symptômes physiques:	comme au niveau 5, mais aussi possibilité de troubles gastriques et intestinaux occasionnels
symptômes mentaux:	confusion occasionnelle
symptômes émotionnels:	anxiété et nervosité, conscience que quelque chose ne va pas
comportement:	précipité, souvent irrationnel, gauche, ne tient pas en place

Commentaires: La peur est devenue un véritable problème avec l'apparition des premiers signes que vous «n'êtes plus vous-même». Avec une grande détermination, vous pouvez encore vous débarrasser seul de votre peur.

NIVEAU 7

symptômes physiques:	comme au niveau 6, mais aussi possibilité d'être étourdi, tension dans la gorge (voix «comprimée») et palpitations

symptômes mentaux:	confusion, désorientation, sentiment de ne pas pouvoir faire face aux choses, cauchemars possibles
symptômes émotionnels:	impression de ne pas être soi-même à certains moments, déprimé ou de mauvaise humeur la plupart du temps
comportement:	entreprend un tas de projets et ne finit rien

Commentaires: À ce point, vous aurez sans doute besoin d'une aide extérieure pour venir à bout de votre peur.

NIVEAU 8

symptômes physiques:	comme au niveau 7, mais aussi possibilité de palpitations fréquentes, fatigue constante, tics, nausées
symptômes mentaux:	sentiment de perdre le contrôle, difficulté à penser d'une manière rationnelle
symptômes émotionnels:	agressivité et excès de sensibilité, fréquentes crises de larmes, panique, peur de perdre la raison
comportement:	difficulté à communiquer sans être émotif, irrationnel, frénétique

Commentaires: C'est ici que votre état devient critique. Si vous éprouvez souvent ce niveau de peur, vous risquez d'endommager votre santé à moins d'agir. Demandez l'aide d'un professionnel.

NIVEAU 9

symptômes physiques:	comme au niveau 8, mais aussi possibilité de serrement à la poitrine, respiration très superficielle, sueurs froides, tremblements
symptômes mentaux:	incapable de penser rationnellement
symptômes émotionnels:	graves accès d'humeur ou de dépression, crises de larmes prolongées, impression de folie

comportement:	tout à fait changeant, très paniqué, incapable de cacher son affolement aux autres

---

Commentaires: Consultez un professionnel immédiatement.

NIVEAU 10

symptômes physiques:	comme au niveau 9, mais aussi possibilité d'un pincement au cœur, incapacité de bouger, sentiment d'être paralysé et de ne pas pouvoir respirer
symptômes mentaux:	incapable de réfléchir
symptômes émotionnels:	sentiment d'impuissance totale et de solitude, impression de mourir
comportement:	tout à fait passif ou affolé

Commentaires: Consultez un professionnel immédiatement.

Tout en parcourant l'échelle de la peur en dix points, vous devez vous rappeler que chaque niveau consécutif n'englobe pas uniquement ses propres symptômes physiques, mentaux et émotionnels, mais qu'il peut aussi contenir tous ceux du niveau précédent.

Comme je vous l'ai déjà proposé, vous voudrez peut-être songer à un moment récent où votre peur était à son comble et tenter de vous rappeler vos symptômes. Ce repère vous aidera à déterminer à quel niveau se situe votre peur sur l'échelle.

LA PRÉMONITION (Niveaux 0 à 3)

Certains d'entre nous ont un talent pour écouter leur sixième sens et prédire un événement futur. Nous sommes *tous* doués d'un sixième sens, mais la plupart du temps, nous n'en tenons pas compte ou l'écartons rationnellement parce que nos perceptions intuitives ne concordent pas avec ce que nous *voulons* anticiper. Les milliers de stimuli extérieurs auxquels nous sommes exposés (ou nous exposons) chaque jour nous poussent à ne pas tenir compte de nos sentiments plus subtils. L'assaut

constant de la télévision, de la radio, de la musique, des journaux et de la publicité, allié au rythme effréné de la vie, écrase
toute perception de notre univers intérieur de telle sorte que
nous avons perdu le contact avec nous-mêmes.

La prémonition *n'est pas* la même chose que l'inquiétude,
encore qu'elle puisse s'accompagner de symptômes physiques
semblables. J'ai la chance d'avoir une sœur, Nada, à qui il arrive
d'avoir des prémonitions, aussi ses expériences peuvent-elles
servir d'exemples ici. Laissez-moi vous en raconter quelques-
unes.

Nada a toujours eu de la chance dans les concours ou les
jeux de hasard. Quand nous étions enfants, chaque fois que
nous allions à la foire, elle gagnait un prix. Il y avait un stand en
particulier où il fallait tirer sur une ficelle parmi au moins 300
autres. Au bout de chaque ficelle pendait un petit sac. La plupart des sacs ne contenaient que des poids sans valeur, mais
quelques-uns renfermaient un prix. Ma sœur cadette Ljuba et
moi ne gagnions jamais rien, mais Nada gagnait presque toujours un prix. Elle remportait aussi les concours dans les magazines et les journaux et un jour, elle mérita même un prix qui
consistait à recevoir un bouquet de fleurs toutes les deux semaines pendant une année entière.

Nada eut une de ses prémonitions un jour que Ljuba et elle
rentraient à la maison après avoir rendu visite à mon père qui
habite à trois heures de route de chez elles. Elles roulaient sur
l'autoroute et Nada était au volant. Comme il faisait un temps
magnifique, elles décidèrent d'emprunter une route panora-
mique. Il n'y avait presque pas de circulation sur cette route, la
visibilité était excellente et elles roulaient vite. Nada aime la
vitesse et elle conduit toujours vite de sorte que Ljuba fut stupé-
faite lorsqu'elle ralentit brusquement. Il n'y avait personne
devant, ni derrière, la route était sèche et claire, elle était bordée
de champs et de prairies et rien n'obligeait Nada à ralentir.
Ljuba la regarda sans rien dire.

Elles roulèrent lentement pendant un petit moment; puis,
la route fit une courbe au milieu d'un boisé et soudain, là,
devant elles, elles aperçurent un cerf. Nada stoppa la voiture
sans difficulté et le cerf traversa la route. Si elles avaient
conservé leur vitesse initiale, elles auraient sans nul doute eu un
grave accident.

Elles parlèrent de l'incident pendant le reste du trajet. Nada expliqua à Ljuba qu'au moment où elles roulaient sur la route dégagée, elle avait soudain eu la nette impression qu'elle devait ralentir. Ce n'était pas comme un sentiment; c'était davantage une *certitude* inébranlable. Elle devait ralentir et c'est ce qu'elle avait fait. Son esprit logique n'était même pas intervenu: elle avait tout bonnement accepté ce fait. En même temps, elle n'avait aucune idée de la *raison* pour laquelle elle devait ralentir et elle ne savait certainement pas qu'il y aurait un cerf au milieu de la route quand elle prendrait le virage: elle fut aussi surprise que Ljuba en voyant la bête.

Sur l'échelle de la peur, il faudrait sans doute classer cet incident au niveau 0 ou 1, puisque Nada n'avait eu aucune réaction physique au message que lui avait transmis son subconscient.

À un autre moment, j'avais décidé sur un coup de tête de rendre visite à Nada pour son anniversaire, qui tombait un samedi. Le samedi matin, donc, je m'éveillai et décidai de prendre l'avion pour aller la voir, sachant qu'elle devait fêter son anniversaire plus tard ce jour-là. Deux heures plus tard, j'arrivai à Heathrow et je sautai dans l'avion qui menait à Francfort.

Quand j'arrivai chez Nada, elle était enchantée de me voir, mais elle semblait aussi soulagée: «Alors, c'était *toi!*» me dit-elle. Il s'avéra que toute la journée du samedi, elle avait éprouvé un malaise à l'idée d'avoir un invité inattendu. En vain s'était-elle creusé la tête pour trouver qui cela pouvait être. Or comme sa prémonition était forte, elle avait craint de manquer de vaisselle de sorte que, pendant que j'étais dans l'avion, elle avait téléphoné à Ljuba pour lui demander d'apporter de la vaisselle pour son invité-mystère. Ljuba était arrivée quelques heures avant moi parce qu'elle avait promis d'aider aux préparatifs, et elle me confirma plus tard que Nada n'avait pas cessé de s'interroger sur l'identité de son invité-mystère...

L'APPRÉHENSION (Niveaux 1-2)

Il est idéal d'éprouver une anxiété de niveau 1 ou 2 dans une situation où l'on doit passer un examen, donner une conférence ou faire une présentation. C'est l'état d'esprit parfait quand on doit fournir un certain rendement parce qu'il nous rend alertes tant mentalement que physiquement.

La différence entre les prémonitions, d'une part, et les appréhensions, d'autre part, tient au fait que les premières relèvent parfois du niveau 0 tandis que les secondes appartiennent toujours au moins au niveau 1. En outre, une prémonition est toujours irrationnelle tandis que l'appréhension possède un fondement rationnel. Vous vous attendez à ce qu'un événement futur soit difficile ou fatigant et cette attente est souvent fondée sur une expérience antérieure. Par conséquent, votre corps et votre esprit se mettent à fonctionner au maximum afin de libérer un surcroît d'énergie pour les exigences accrues qui seront imposées à votre système. (Quand je parle de «système» ici, j'entends la personne tout entière, l'entité formée du corps, de l'esprit, des émotions et de l'esprit, y compris tous les sens.) Vous ne subissez que de légers changements physiques parce que vous ne vous attendez pas à affronter des conflits majeurs. Cela se passe ainsi lorsque la plupart de nos expériences antérieures ont été positives de sorte que même si nous savons que la situation est plus exigeante que d'habitude, nous pouvons quand même faire un usage optimal du supplément d'énergie qui nous est accordé.

Vos attentes sont déterminées par votre type de personnalité de même que par les expériences pertinentes que vous avez connues dans le passé. Supposons que vous êtes une personne soigneuse et que vous attendez la visite d'un ami que vous savez peu ordonné; vous pourriez éprouver de l'appréhension. Si vous êtes suffisamment sûr de vous pour le prier de ramasser ses choses, votre appréhension servira uniquement de signal d'alarme destiné à vous rappeler que vous devez prendre certaines mesures. Si, toutefois, vous êtes incapable de vous affirmer ou croyez qu'il est impoli d'imposer des règles à ses invités, il est probable que votre appréhension dégénérera en inquiétude du niveau 3 ou 4.

Si, dans le passé, une personne ne s'est pas montrée compréhensive lorsque vous vous êtes confié à elle, l'appréhension que vous ressentirez en conséquence dans le futur vous incitera sans doute à ne plus vous ouvrir à elle. À cet égard, l'appréhension est très utile, car elle agit comme un bouclier protecteur qui nous épargne des blessures et nous aide à choisir les personnes à qui nous pouvons faire confiance. Là encore, comme dans le cas des prémonitions, nous avons tendance à ne pas nous fier à notre intuition et à notre jugement. Notre intellect nous dit que nous ne devrions pas être aussi «mesquins» ni aussi «ennuyés» quand une personne, par exemple, profite de notre sollicitude alors que nous savons d'instinct qu'elle nous appelle uniquement quand elle a besoin de quelque chose. Ce qui fait que l'idée de la revoir nous rend appréhensifs.

Au contraire de l'inquiétude, l'appréhension ne s'accompagne pas de réactions physiologiques manifestes. C'est quand on remarque que son corps réagit à la seule *évocation* d'un événement précis que l'on a atteint le stade de l'inquiétude.

L'INQUIÉTUDE (Niveaux 3 à 5)

La plupart des gens connaissent assez bien ce niveau de peur. Si votre train-train quotidien est interrompu, qu'une tâche inhabituelle vous attend ou si vous apprenez soudain que votre compte est à découvert ou qu'un membre de la famille dont vous êtes proche est malade, vous vous inquiéterez jusqu'à un certain point. Si vous êtes du type calme, vous n'éprouverez peut-être qu'une anxiété de niveau 3 et même si votre anxiété atteint un niveau supérieur, elle ne durera pas très longtemps. Si, toutefois, vous êtes du type nerveux, vous avez plus de chances de grimper jusqu'au niveau 5 sur-le-champ et d'y demeurer assez longtemps. En outre, votre situation personnelle du moment déterminera votre degré d'inquiétude.

Prenons l'exemple suivant. Vous avez commis une erreur au travail et vous savez que votre supérieur ne manquera pas de s'en apercevoir le lendemain. Cette erreur est plus gênante que grave. Voici quelles sont les possibilités:

Votre personnalité	*La personnalité de votre patron*	*Circonstances supplémentaires*	*Niveau de peur probable*
calme, bonne estime de soi	amical, calme	pas d'autres problèmes	3
calme, bonne estime de soi	nerveux, esprit critique	pas d'autres problèmes	4
calme, bonne estime de soi	amical, calme	vous avez trop de travail et n'êtes pas bien	4-5
nerveux, porté à s'autocritiquer	amical, calme	pas d'autres problèmes	4-5
nerveux, porté à s'autocritiquer	nerveux, esprit critique	vous êtes au bord d'une rupture amoureuse	5
nerveux, porté à s'autocritiquer	amical, calme	vous êtes au bord d'une rupture amoureuse	5-7
calme, bonne estime de soi	nerveux, esprit critique	vous êtes enceinte et cessez de travailler dans une semaine	2-3

Certes, les possibilités de combinaisons possibles sont infinies, mais je suis certaine que vous comprenez déjà que votre degré d'inquiétude dépend d'un certain nombre de facteurs.

Il ne fait aucun doute que certaines personnes sont plus portées à se faire de la bile que d'autres. Elles ont besoin d'un sujet d'inquiétude et le cherchent tant qu'elles ne l'ont pas trouvé. L'inquiétude peut devenir une habitude et même un mode de vie mais elle a un prix. Si vous éprouvez constamment un niveau élevé d'inquiétude (niveau 5), cela signifie que votre corps fonctionne constamment à une vitesse surmultipliée.

Même si ce niveau de peur est assez facile à contrôler, vous éprouvez des réactions physiques qui commencent à saper votre énergie. Vous ne pouvez pas vous détendre en raison du surcroît d'adrénaline qui circule dans votre corps sans exutoire, et votre sommeil en souffre. Vous vous éveillez fatigué, votre concentration diminue, vous commettez plus d'erreurs et vous avez une *bonne* raison de vous inquiéter!

C'est un miracle que le corps puisse supporter une telle tension et même une tension encore plus forte aussi longtemps, car la contrainte imposée à vos ressources physiques prélève son tribut. En général, nous pouvons nous en tirer pendant un certain nombre d'années, mais finalement, notre système immunitaire s'affaiblit et nous sommes plus sujets aux rhumes, à la grippe ou aux gastrites, nous avons plus de chances d'avoir des ulcères d'estomac ou des maux de tête. La plupart de ces troubles ne sont pas graves, mais comme nous l'avons vu dans le tableau précédent, si la situation change à notre désavantage, cela peut nous pousser encore plus haut sur l'échelle de la peur et entraîner des problèmes beaucoup plus épineux comme les phobies ou l'anxiété.

On croit souvent que c'est un signe d'«affection» que de se faire du souci pour quelqu'un. Un vieux mythe veut que si vous ne vous inquiétez pas au sujet de votre mari ou de vos enfants, vous n'êtes pas une bonne épouse ou une bonne mère. Vous devez faire un tas d'histoires, pousser des enfants rébarbatifs dans des anoraks chauds, les obliger à manger davantage et vous intégrer dans tous les aspects de leur vie, à défaut de quoi vous ne faites pas correctement votre travail de mère. C'est presque comme une superstition qui nous pousse à croire que si nous ne nous inquiétons pas, les désastres redoutés se produiront.

Si vous êtes porté à vous tracasser, vous pourriez trouver très utile de travailler sur ce problème. Vous verrez que non seulement vous vous sentirez mieux, mais votre entourage éprouvera un soulagement certain!

LES PHOBIES (Niveaux 5 à 9)

Une phobie est une peur excessive, irréaliste et incontrôlable déclenchée par un objet, une activité ou une situation précise. Le terme «phobie» vient du grec et signifie «peur panique».

Une phobie est caractérisée par trois facteurs qui la distinguent d'une peur ordinaire. En premier lieu, la peur *persiste* pendant une longue période. En deuxième lieu, elle est *déraisonnable* et même si vous en êtes conscient, vous êtes incapable de vous en débarrasser. En troisième lieu, une phobie vous pousse toujours à tenter d'*éviter* l'objet, l'activité ou la situation phobogène.

Il existe trois types de phobies. Les *phobies* simples en vertu desquelles la peur est dirigée vers un objet ou une situation spécifique. Vous pouvez avoir la phobie des oiseaux, des araignées, des vers de terre, des mites, du tonnerre ou de l'eau, par exemple, et vous pouvez aussi avoir la phobie des lieux clos, ce qui vous pousse à éviter les ascenseurs. Dans tous les cas, la personne phobique craint d'être tuée ou blessée si elle laisse l'objet de sa phobie s'approcher d'elle.

Les phobies simples sont souvent reliées à des traumatismes précis. L'une de mes clientes, une secrétaire de trente-trois ans, avait la phobie de se mouiller les cheveux, ce qui lui causait des problèmes considérables quand elle allait au salon de coiffure. Elle acceptait de se faire laver les cheveux la tête inclinée vers l'avant, mais elle paniquait immédiatement si elle devait la pencher vers l'arrière. Nous finîmes par découvrir qu'enfant, elle était tombée du haut d'un mur à la renverse dans une flaque d'eau et avait subi un grand choc. Depuis lors, elle s'affolait quand elle se mouillait les cheveux par-derrière.

Un autre type de phobie est la *phobie sociale.* Les personnes qui en souffrent craignent de se mettre les pieds dans les plats en public. C'est pourquoi elles évitent les toilettes publiques, les réceptions et les conférences, refusent de manger dans les restaurants et les cafés, et ainsi de suite.

Les phobies sociales peuvent aussi remonter à un événement traumatisant du passé, la situation phobogène du moment étant une «traduction» émotionnelle de l'événement initial. L'un de mes clients avait la phobie de manger au restaurant et n'acceptait de le faire que tard dans la soirée et dans un restaurant faiblement éclairé où on le distinguerait mal. Sa phobie remontait à un incident survenu trente ans plus tôt au cours duquel on l'avait humilié devant ses amis dans la salle à manger de l'école.

Le troisième type de phobie est la *peur des crises de panique*, qui pousse la personne à éviter les situations dont elle ne peut s'échapper facilement à l'insu des autres, par exemple, les files au supermarché, les théâtres et les cinémas, les ponts, les autobus, les trains et toutes les formes de transport public. Comme ce type de phobie est plus complexe que les deux autres, je lui ai consacré une rubrique séparée (voir ci-après).

Une phobie constitue une réaction physique très forte à un stimulus particulier, qui entraîne des effets secondaires extrêmement négatifs sur le plan mental et comportemental. Si l'objet de la phobie est facile à éviter, la personne phobique peut mener une vie relativement normale. Les serpents, par exemple, ne sont pas tellement répandus en Europe, et encore moins dans les grandes villes, de sorte que le seul endroit que doit éviter la personne phobique est la section des reptiles du zoo.

Toutefois, si sa phobie est particulièrement forte, la personne évitera aussi de marcher pieds nus dans l'herbe ou de traverser des prairies ou des forêts embroussaillées, ce qui, évidemment, entravera encore davantage sa liberté de mouvement.

Plus la personne phobique fait des efforts pour éviter l'objet ou la situation phobogène, plus sa peur s'accentue. Comme elle ne l'affronte jamais et, par conséquent, ne la confronte jamais avec la réalité, cette peur prend une identité propre et devient démesurée dans son esprit. C'est un cercle vicieux dans lequel le fait d'éviter l'objet de notre phobie accentue notre peur et nous pousse encore plus rigoureusement à l'éviter. On finit par être prisonnier de sa propre peur.

L'AGORAPHOBIE ET LES CRISES DE PANIQUE
(Niveaux 6 à 10)

La gravité de l'agoraphobie peut fluctuer entre les niveaux 6 et 10 tandis que les crises de panique se situent toujours au niveau 10. Les niveaux 8 et 9 représentent des niveaux extrêmement élevés d'anxiété tandis que le niveau 10 est l'explosion d'une anxiété accumulée.

Le terme agoraphobie a été employé pour la première fois vers la fin du dix-neuvième siècle. Il provient du mot grec *agora* qui signifie «place publique» et de phobie qui signifie «peur panique». À l'origine, il désignait le trouble d'une personne incapable de traverser des espaces libres et des lieux publics tels que les rues ou les places, sinon au prix d'une grave anxiété. Aujourd'hui, ce terme englobe une gamme plus vaste de situations, y compris celle où une personne éprouve une violente frayeur parce qu'elle est loin de la sécurité de sa maison, surtout si elle se trouve dans un endroit bondé ou isolé d'où elle ne peut s'échapper et où elle ne peut être secourue.

Les agoraphobes établissent autour de leur maison un périmètre mental à l'intérieur duquel elles parviennent tout juste à fonctionner, mais au-delà duquel elles n'oseraient jamais s'aventurer. Dans certains cas, ce périmètre est si petit que la personne ne peut même pas franchir la porte d'entrée de sa maison et dans les cas graves, elle peut même avoir peur dans sa propre maison.

Au contraire des phobies simples, l'agoraphobie n'est pas une peur ressentie à l'endroit d'un objet ou d'une situation particulière, mais plutôt la peur de s'affoler dans un lieu isolé et loin de toute aide ou dans un endroit achalandé d'où il est difficile de s'échapper. Les agoraphobes évitent les ponts («Si j'ai une crise de panique au milieu du pont, je n'arriverai jamais à l'autre bout où on pourra venir à mon secours!») et ne s'assoient jamais au milieu d'une rangée au cinéma ou au théâtre («Si j'ai une crise de panique, je m'affolerai, je ne pourrai pas sortir rapidement, et tous ces gens vont penser que je suis complètement marteau»).

La raison pour laquelle ces personnes ont si peur des crises de panique, c'est qu'elles craignent de s'évanouir, d'être victimes d'un infarctus ou encore de perdre la maîtrise d'elles-mêmes et de se donner en spectacle. De nombreux agoraphobes souffrent aussi de claustrophobie (ils craignent les lieux clos tels que les ascenseurs) et ont peur des hauteurs et de l'avion, ou toutes les raisons mentionnées ci-dessus.

À l'instar des personnes souffrant de phobies simples et de phobies sociales, les agoraphobes tentent de contrôler leurs symptômes en évitant les situations susceptibles de les affoler. Malheureusement, cette fuite perpétue leur peur et l'aggrave de sorte qu'ils réduisent constamment leur rayon de mobilité. Certains agoraphobes n'ont pas quitté leur maison depuis des années!

Avant l'apparition de ce trouble, la personne subit habituellement une ou deux crises de panique isolées, souvent associées à une situation stressante sur le plan émotif. Ces crises isolées sont souvent espacées d'une à plusieurs années et ne débouchent pas toujours sur une véritable agoraphobie. Selon les circonstances, elles peuvent demeurer occasionnelles, mais cela est plutôt rare.

L'agoraphobie est un état qui restreint sévèrement votre vie quotidienne et exerce un effet négatif sur votre vie sociale (elle impose aussi une contrainte à votre mariage et à votre vie domestique). On estime que 70 à 80 p. 100 des personnes qui en souffrent sont des femmes.

L'ANXIÉTÉ (Niveaux 6 à 9)

Le terme anxiété est dérivé du latin *anxius* qui signifie agitation et détresse. L'anxiété se caractérise par un état constant de peur qui se distingue des autres formes de peur comme les phobies en ce qu'elle n'est pas dirigée contre un objet ou une situation concrète. L'anxiété est compréhensible quand on craint de ne pas pouvoir respecter une échéance professionnelle, d'arriver en retard à une réunion importante ou d'échouer à un examen, mais les véritables anxieux ont peur de tout et de rien.

La personne anxieuse peut éprouver un sentiment confus de désastre imminent ou une peur vague mais constante de ce qui arrivera dans le futur. Comme ce type de peur n'est pas relié à une situation particulière, on l'appelle aussi *angoisse flottante*.

Même si son degré peut fluctuer pendant la journée et s'accentuer certains jours, la personne vit avec son anxiété. À certains moments, très rares, ce sentiment disparaît, et c'est comme si un lourd fardeau lui tombait des épaules, mais ces répits sont de courte durée et ses sentiments agités réapparaissent aussitôt.

Comme la personne ne peut pas comprendre *pourquoi* elle est agitée, elle a souvent l'impression de perdre la raison. Son anxiété l'accompagne partout où elle va. Elle a beau se trouver avec des amis qu'elle connaît depuis des années, elle éprouve toujours un malaise et un sentiment d'agitation. Même si elle s'adonne à une activité qu'elle aime, comme de contempler un magnifique coucher de soleil, elle est incapable de se détendre et de l'apprécier parce qu'elle se sent nerveuse.

Par conséquent, les personnes anxieuses se comportent souvent d'une manière excessivement timide et timorée, ou elles semblent d'humeur instable. Cela inquiète souvent leur famille et leurs amis qui sont prêts à les aider mais ne peuvent le faire parce que les personnes anxieuses sont incapables d'expliquer la cause de leurs symptômes. C'est pourquoi on les invite souvent à faire des efforts pour «se ressaisir» ou à ne pas «être aussi bêtes». (Ces remarques ne sont évidemment pas très utiles puisque la personne en a certainement ras-le-bol de ses symptômes elle-même et se ressaisirait avec plaisir si elle le pouvait!)

L'anxiété peut aussi se traduire par de l'agressivité qui illustre les efforts que fait la personne pour écraser son trouble. Être agressif, c'est un peu comme relâcher sa tension afin de soulager son anxiété, de la même façon que la crise de panique apporte un soulagement presque immédiat.

Supporter cette agitation intérieure constante est épuisant. Comme votre système est constamment surchargé, vous devenez épuisé et déprimé mentalement et physiquement. Cet état vous pousse à vous replier sur vous-même et à fuir toute situation susceptible de vous stresser. Tout chambardement de votre routine quotidienne devient catastrophique parce que vous avez besoin de toutes vos forces pour tenir votre anxiété à distance et n'en avez pas de reste pour vous adapter aux changements. Si vous souffrez d'un niveau élevé d'anxiété, c'est comme si vous étiez devenu allergique à la vie.

Quand l'anxiété a atteint ce stade, on ne peut plus la considérer comme un simple signal d'alarme; elle est désormais une force en soi qui domine la vie de la personne anxieuse. L'anxiété chronique est aussi débilitante que n'importe quelle incapacité physique.

Quand on examine de plus près ce qui se cache sous cette peur sans raison apparente et qu'on parle longuement avec les personnes anxieuses, on découvre invariablement qu'une raison se cache derrière leur peur et que celle-ci est associée à un ou plusieurs événements. Ceux-ci ont déclenché un enchaînement négatif de pensées qui ont aggravé la peur originale et l'ont transformée en anxiété grave.

LA NÉVROSE OBSESSIONNELLE (Niveaux 7 à 9)

On parle d'*obsession* quand une personne a dans la tête une idée ou un désir persistant qu'elle perçoit comme étant irrationnel mais auquel elle ne peut s'empêcher de penser. En général, la personne obsédée méprise ces pensées angoissantes et les rejette avec son intellect, mais elle ne peut y échapper. Afin de le contrebalancer, elle est encline à poser des gestes rituels et compulsifs. On considère une pensée ou une habitude comme une obsession ou une compulsion seulement si la personne ne peut l'arrêter ou si elle consacre tellement de temps à ses actions compulsives que sa vie quotidienne s'en trouve perturbée.

Il existe un grand nombre d'obsessions et de compulsions. Vous pouvez souffrir d'une obsession bénigne qui vous pousse à accorder une signification spéciale à certaines couleurs et à éviter certains nombres «malchanceux». On serait porté à classer cette forme anodine d'obsession dans les superstitions fondées sur le folklore. Cependant, si une personne se donne beaucoup de mal pour éviter certains nombres ou couleurs, il est clair qu'il s'agit d'une obsession.

D'autres obsessions ont un caractère sexuel et entraînent des pensées incestueuses ou homosexuelles. D'autres encore sont reliées à la précision et à la symétrie et exigent que tout soit rangé dans un ordre particulier. D'autres exemples d'obsession englobent un souci exagéré de la saleté et des bactéries, des excréments ou des sécrétions corporelles. Les obsessions plus graves sont reliées à la violence, à la peur de blesser les autres ou de se blesser soi-même, à la peur de crier des obscénités ou d'être tenu responsable de quelque chose qui a mal tourné.

Parmi les compulsions courantes, mentionnons celles qui vous poussent à compter et à recompter jusqu'à un certain nombre; à vérifier et à revérifier les portes, les fenêtres, les verrous ou les robinets; à mettre en ordre et à réarranger sans cesse certains objets; à ramasser et à collectionner certaines choses comme des journaux ou des lettres. Ici encore, à l'instar des obsessions, le niveau d'anxiété dépend de la mesure dans laquelle ces compulsions angoissent la personne concernée et de quelle proportion de son temps elles occupent. Supposons que vous teniez à ce que le rouleau de papier de toilette soit accroché de manière que l'extrémité se trouve face au mur. Chaque fois qu'il est mal placé, vous le remettez du «bon» côté. Même si ce comportement ressemble à une compulsion, on ne l'appellerait pas ainsi mais on dirait plutôt que vous êtes tatillon. Ce comportement ne nous concerne pas ici puisqu'il ne s'accompagne pas de sentiments de peur ou d'anxiété.

Toutefois, quand une personne est incapable de résister à ses pensées obsessionnelles ou à ses rituels compulsifs, son niveau d'anxiété peut grimper jusqu'à 9. À ce moment-là, la personne a besoin d'une aide importante parce qu'elle est incapable de fonctionner normalement seule.

On a découvert que les gens d'un certain type de personnalité étaient enclins à souffrir de névrose obsessionnelle. *(Veuillez noter toutefois que ce n'est pas parce que vous possédez l'une ou plusieurs des caractéristiques ci-dessous que vous souffrez d'une névrose obsessionnelle!)* Il s'agit des personnes qui ont de la difficulté à exprimer des émotions positives et chaleureuses, qui sont portées à s'autocritiquer et à critiquer les autres; des êtres perfectionnistes qui font toujours passer le travail avant le plaisir. En outre, ces personnes ne veulent pas ou ne peuvent pas prendre des décisions de crainte de se tromper; elles sont excessivement consciencieuses et inflexibles. Elles sont pratiquement enfermées dans une prison interne et externe de par leur personnalité et la névrose obsessionnelle qui en résulte.

Les personnes atteintes de névrose obsessionnelle se sentent impuissantes; elles ont honte de ne pas pouvoir se dominer et cela les empêche parfois de demander de l'aide pendant des années. Souvent, c'est seulement quand elles découvrent qu'elles ne peuvent plus fonctionner qu'elles se laissent persuader par un membre de la famille ou un ami de s'inscrire à une forme ou une autre de thérapie afin d'alléger leurs symptômes.

Tant l'hypno-analyse que la thérapie comportementale peuvent traiter ces problèmes avec succès. On a également obtenu d'excellents résultats avec l'injonction paradoxale (voir page 148 et suivantes) et la désensibilisation systématique (voir page 123 et suivantes) et les études de suivi laissent entendre que ces résultats positifs sont durables.

DIVERSES CATÉGORIES

Après nous être penchés sur les différents niveaux de peur, nous allons examiner les divers types de peur.

Toutes les catégories ci-dessous peuvent entraîner n'importe lequel des degrés d'anxiété mentionnés selon votre personnalité, la gravité de la situation phobogène, votre situation personnelle du moment et les réactions des autres face à vous et à votre peur.

Le lecteur trouvera des façons de résoudre ces problèmes dans les chapitres subséquents ou dans la seconde partie de ce livre-ci.

LA PEUR DE L'ÉCHEC

Cette catégorie englobe les situations dans lesquelles vous devez faire preuve *officiellement* d'un talent ou d'un savoir particulier. Mentionnons, entre autres, les examens, les entrevues d'emploi, les discours de même que la performance sexuelle masculine. Dans tous ces cas, vous êtes conscient d'être le point de mire et savez que les autres vous évalueront d'après votre façon de tenir votre rôle, avec indulgence ou autrement. Or c'est précisément cet «autrement» qui vous inquiète!

La peur de l'échec est constituée d'un mélange d'inquiétude et de phobie. C'est comme une crise d'inquiétude fortement amplifiée à l'égard d'une situation donnée. La seule chose qui la distingue de la phobie, c'est qu'en général, la situation appréhendée est considérée comme réellement difficile (sauf en ce qui a trait à la performance sexuelle des hommes) tandis que dans le cas d'une phobie, la peur est toujours déraisonnable.

Presque tout le monde se sent craintif ou même nerveux à l'idée de passer un examen. Certaines personnes le sont plus que d'autres, mais tout le monde est touché dans une certaine mesure. On reconnaît en général que les examens exercent une pression et peuvent donc créer une tension.

Il en va de même pour ce qui est de parler en public, surtout quand on ne le fait pas régulièrement. Le fait de devenir volontairement le point de mire et, par conséquent, de s'exposer aux critiques, peut être une source de profonde anxiété. C'est ainsi que, si un ami nous confie sa nervosité à l'idée de présenter un exposé le lendemain, nous sympathisons avec lui parce que nous éprouverions sans doute la même chose dans son cas.

La performance sexuelle masculine est un autre domaine où la conscience d'être évalué peut avoir un effet destructeur sur votre rendement. Ce qui est délicat, c'est que pour avoir une érection, vous devez vous concentrer sur certaines pensées stimulantes qui n'apparaîtront pas si vous n'êtes pas détendu. De sorte que si un jour vous n'avez pas d'érection ou êtes incapable de la maintenir assez longtemps pour avoir des rapports sexuels, il est possible que vous éprouviez de l'appréhension la fois suivante, ce sentiment accentuant la probabilité d'un nouvel échec.

Toutes ces peurs — passer un examen, parler en public, être sexuellement incompétent — ont un dénominateur commun: la personne n'a aucun mal à s'exécuter quand elle est seule. L'étudiant recalé à son examen a étudié sa matière à fond et donne les bonnes réponses en classe. La jeune femme qui échoue au permis de conduire a effectué un magnifique virage la veille encore. L'employé qui s'énerve en prenant la parole devant ses collègues est un expert sur le sujet et pouvait en discuter aisément à la maison. L'homme qui a un problème au lit avec sa partenaire est tout à fait capable d'avoir des érections et d'éjaculer d'une manière satisfaisante quand il est seul.

Pour réussir, vous devez être tellement absorbé dans ce que vous faites que c'est comme si vous portiez des œillères, de sorte que peu vous importe le lieu où vous vous trouvez et qui vous regarde.

L'une de mes clientes était très habile à cet égard. Même si elle était nerveuse au point de paniquer avant chaque examen, elle devenait tout à fait calme et concentrée dès l'instant où elle s'asseyait à sa table d'examen. Elle répondait aux questions rapidement et avec compétence et terminait toujours la première. Elle avait même le temps de réviser ses réponses. Elle n'a jamais été recalée à un examen malgré la panique qui l'envahissait la veille, simplement parce qu'elle avait la capacité de s'absorber à un tel point dans ce qu'elle faisait qu'elle «oubliait» qu'il s'agissait d'un examen.

La peur de l'échec coïncide habituellement avec un manque de confiance en soi doublé d'un sentiment général de ne pas contrôler sa vie, ce qui en retour peut provoquer une anxiété globale.

Elle peut avoir diverses causes. Si on exerce une forte pression sur l'enfant pour qu'il réussisse tout le temps, et qu'on désapprouve tout manquement à l'excellence, on place un accent exagéré sur la réussite scolaire ou sportive au détriment, souvent, d'autres valeurs. Un enfant à qui on fait comprendre, même de façon subtile, que sa popularité auprès de ses parents dépend de ses résultats scolaires, est plus susceptible de développer une peur de l'échec que l'enfant qui bénéficie d'un amour inconditionnel peu importe s'il réussit bien ou mal à l'école.

Si les parents exercent une pression particulièrement forte sur l'enfant et sont difficiles à satisfaire, soit l'enfant deviendra un bourreau de travail qui essaie toujours d'atteindre la perfection afin de contenter ses parents (même s'ils sont décédés depuis longtemps), soit il baissera les bras et se repliera dans un travail bien au-dessous de ses capacités parce qu'il se sent incapable de viser la perfection plus longtemps ou qu'il refuse de le faire. Il craint le succès parce que s'il l'atteint, il s'inquiétera de ne pas pouvoir le préserver.

Dans d'autres cas, les torts sont infligés à l'école où les professeurs méprisent et punissent les enfants qui ne réussissent pas ou sont incapables de répondre aux questions. Dans le cadre de mon travail en hypnothérapie, j'ai vu de nombreux cas où la peur de l'échec remontait à un ou plusieurs événements traumatisants au cours desquels un professeur ridiculisait et humiliait l'enfant devant la classe tout entière.

En ce qui a trait aux problèmes d'ordre sexuel, la cause peut aussi remonter aux premières années de votre vie. Si vous avez toujours souffert d'éjaculation précoce ou d'impuissance, il va sans dire que ce problème date de bien plus loin que votre premier échec. Une éducation excessivement stricte ou une mère dominante et arrogante peuvent faire en sorte que le fils se sent impuissant et castré, ce qui peut très facilement entraîner des problèmes sur le plan sexuel.

Si, par contre, le problème s'est manifesté avec l'entrée en scène d'une partenaire en particulier, il est fort probable que la relation n'est pas harmonieuse et que l'homme perçoit des vibrations négatives. Comme l'excitation sexuelle, l'érection et l'éjaculation dépendent de processus mentaux très bien équilibrés, un manque de confiance ou la peur d'être critiqué peuvent entraver la spontanéité de l'homme et le rendre impuissant. Le problème se règle souvent spontanément avec une nouvelle partenaire.

Je dois souligner dans ce contexte que la plupart des cas d'impuissance ne sont que temporaires. Le surmenage, le stress ou un excès de fatigue peuvent entraîner une impuissance temporaire mais en général, le problème se corrige de lui-même dès que l'homme recouvre ses forces physiques.

LA PEUR DE LA SÉPARATION

Quand je pense à la peur de la séparation, la première image qui me vient à l'esprit est celle d'un petit enfant qui pleure et qui s'accroche à sa mère qui s'apprête à le laisser à l'école maternelle pour la première fois.

Bien sûr, tous les enfants ne sont pas pareils. Certains enfants sont plus audacieux que d'autres et assez faciles à laisser à la garderie. Toutefois, il faut garder à l'esprit que la séparation est une affaire sérieuse pour les enfants, surtout les tout-petits qui s'éloignent pour la première fois de leur père ou de leur mère.

La réaction d'un enfant à cette expérience nouvelle dépendra non seulement de sa personnalité, mais aussi du degré de sécurité qu'il éprouve en général avec ses parents.

Les tout-petits s'affolent aisément quand ils se retrouvent dans un lieu inconnu. Comme l'environnement est nouveau et leur entourage aussi, ils peuvent être facilement effrayés. (Certains adultes éprouvent aussi cette peur. Rappelez-vous l'inquiétude qui vous tenaillait le jour où vous avez commencé à occuper un nouvel emploi parce que vous ne connaissiez personne...)

Pour un enfant, la séparation est une question *existentielle*. Mettez-vous à la place de l'enfant qui se rend pour la première fois à l'école maternelle: vous êtes là, parmi des adultes et des enfants inconnus, dans un lieu inconnu, et votre maman vous dit que vous devez y rester un moment et qu'elle reviendra vous chercher très bientôt; puis, elle s'éloigne et vous envoie la main exactement comme vous le faites quand grand-mère et grand-père quittent la maison... et eux ne reviennent jamais avant des lunes!

Il importe, surtout si l'enfant est anxieux, de prendre le temps de l'accoutumer à sa nouvelle situation, par exemple en l'emmenant à la garderie ou à l'école maternelle quelques fois, en lui montrant les lieux et en lui expliquant ce dont il s'agit, mais sans l'y laisser.

Parfois en se montrant trop stricts ou prudents eux-mêmes, les parents accentuent l'anxiété de l'enfant (voir la rubrique sur l'imitation, page 25). Les enfants à qui l'on interdit strictement de s'exprimer ou dont on punit les efforts d'exploration peuvent perdre leur confiance en eux. En conséquence, ils ne se sentent pas à la hauteur et cela les rend plus dépendants des parents dont l'un doit rester constamment avec eux.

Toutefois, les enfants ne sont pas les seuls à souffrir de la séparation dans une famille. Les parents peuvent aussi avoir de la difficulté à laisser les enfants partir. De même que les enfants sont dépendants de leurs parents, les parents finissent par être dépendants de leurs enfants.

À mesure que naissent les enfants, les parents doivent apprendre à s'adapter à la nouvelle situation familiale et aux problèmes qu'apporte chaque naissance. Les joies de l'éducation des enfants sont souvent contrebalancées par le stress et les frustrations, surtout pour la personne la plus proche de l'enfant, en l'occurrence la mère, même encore de nos jours. Après avoir travaillé, touché un salaire et vécu comme une adulte, la mère doit recommencer à vivre dans un monde d'enfants.

Au contraire, le père a encore son travail et à travers lui, ses contacts avec des adultes, de sorte qu'il voit les enfants comme une dimension nouvelle qui enrichit sa vie.

En général, quand les enfants quittent le nid familial, les parents traversent une crise. C'est le début d'un temps nouveau. Les enfants sont devenus adultes, ils font des choix, prennent des décisions indépendantes et fonderont bientôt leur propre famille. Les parents aussi affrontent un changement: ils doivent passer de l'état de parents à celui de grands-parents, signe que la vieillesse n'est plus très loin. En outre, ils doivent maintenant recommencer à se concentrer l'un sur l'autre. Si, à ce stade, les conjoints se sont distancés et ont pris l'habitude de communiquer surtout à travers les enfants, la disparition de ceux-ci, qui servaient de tampons au sein d'un mariage déclinant, peut les rendre anxieux.

C'est à cette étape que certaines mères s'accrochent à leurs enfants. En effet, en gardant leurs enfants attachés à elles, elles repoussent la perspective désagréable de passer le reste de leur vie avec leur mari au sein d'une relation devenue insatisfaisante.

S'il est difficile pour un couple marié de laisser partir ses enfants, cela l'est encore plus pour les familles monoparentales. En l'absence d'un partenaire, l'enfant ou les enfants constituent le principal centre d'intérêt du parent. Alors que dans les familles biparentales, l'éducation des enfants est répartie (quoique inégalement) entre les deux conjoints, un parent unique tisse une relation beaucoup plus intense avec son enfant ou ses enfants. Un mère qui a un conjoint peut aller travailler *malgré* ses enfants; une mère seule ira travailler *pour* ses enfants. Ce lien particulier entre la mère et l'enfant peut rendre le départ de ce dernier beaucoup plus difficile pour la mère.

Finalement, la plupart des parents réussissent à trouver un équilibre entre laisser partir les enfants et continuer de les voir sur une base nouvelle et adulte.

La peur de la séparation peut aussi jouer un rôle dans les relations adultes, souvent avec des résultats très négatifs. Que l'on vive seul ou avec un conjoint, on se crée des habitudes. Quand on a eu un partenaire pendant un certain temps, on s'est habitué à sa présence quotidienne. Celle-ci crée une sorte de dépendance chez bien des gens, même si leur relation n'est pas très satisfaisante.

Plus la relation dure longtemps, plus il peut être difficile d'envisager de se retrouver seul à nouveau. La présence de l'autre entraîne un certain confort même si la relation laisse à désirer. Souvent, c'est seulement quand la situation devient tout à fait intenable que l'on peut surmonter sa peur de la séparation et prendre des mesures positives.

Pour surmonter cette forme de dépendance, la clé consiste à examiner les objectifs à long terme de votre vie. Si vous avez du mal à quitter une relation préjudiciable, songez aux conséquences qu'entraînerait le fait de demeurer dans votre situation actuelle. Si vous pouvez honnêtement dire que vous avez fait de votre mieux pour régler tous vos différends et améliorer votre relation, et *que celle-ci n'est toujours pas satisfaisante*, il est probable qu'elle ne le sera jamais. Si vous restez, vous vous empêchez de bâtir un jour une relation enrichissante avec un autre partenaire.

Si, par contre, vous voulez vraiment trouver un partenaire compatible avec vous, vous devez quitter votre partenaire actuel afin de créer la possibilité de trouver la bonne personne. Oui, votre vie sera différente sans votre ancien partenaire; oui, vous aurez peut-être du mal, au début, à passer de la vie à deux à la vie de célibataire, mais vous vous y habituerez. Si vous n'avez pas la confiance nécessaire pour effectuer le grand saut, lisez la rubrique consacrée aux manières de surmonter sa peur.

LA PEUR DE PERDRE QUELQU'UN OU QUELQUE CHOSE

J'écris ce livre en 1992, au moment où l'Angleterre traverse une période très difficile. En raison d'une économie en continuelle récession, des milliers de gens ont déjà perdu leur emploi et bien d'autres passeront par là au cours des prochains mois.

Bien des ménages aujourd'hui sont hantés par le spectre de voir leur pourvoyeur perdre son emploi. Chaque fois qu'on lit les journaux ou regarde la télévision, on entend parler de nouveaux licenciements et de nouvelles faillites et fermetures, et de nombreux travailleurs sont conscients (même si on ne l'a pas annoncé officiellement) que leur entreprise traverse une crise financière.

Votre peur d'être licencié est aggravée par le fait que, en tant qu'employé, vous ne connaissez pas la situation exacte de l'entreprise; par conséquent, votre peur est surtout fondée sur les bruits qui courent. Soucieuse de préserver le moral et le rendement de ses employés, la direction hésite à éclairer leur lanterne et ceux-ci sont stressés par l'épée de Damoclès qui pend au-dessus de leur emploi.

Perdre son emploi est, au mieux, un événement traumatisant. Cela ébranle votre confiance en soi, souvent profondément, et modifie du tout au tout votre vie et vos habitudes sauf si vous en trouvez un autre assez rapidement, ce qui est plus difficile en temps de récession.

Le désastre ne s'arrête pas là cependant. Comme vous ne gagnez pas d'argent, vous avez du mal à payer votre hypothèque de sorte que vous risquez également de perdre votre maison.

Dans les cas extrêmes où des sections entières de l'industrie sont fermées, des communautés entières disparaissent.

Voilà une perspective peu réjouissante si vous travaillez pour une entreprise qui s'en va à vau-l'eau, et votre peur de perdre votre emploi n'est que trop compréhensible. Dans ce cas, il est d'autant plus important que vous maîtrisiez votre stress. Vous ne pouvez rien faire si votre employeur vous congédie, mais assurez-vous au moins de ne pas contracter une maladie liée au stress. Faites-vous un devoir de conserver une alimentation équilibrée, de prendre de l'exercice, d'avoir des pensées positives pour garder un bon moral, de chercher un autre emploi, d'examiner les solutions de rechange, d'*être actif* quoi! Si vous laissez votre peur prendre le dessus, vous serez vraiment vaincu.

La peur de perdre un être cher peut aussi nous assaillir dans les cas où une personne proche de nous se meurt d'une maladie fatale comme le sida ou certains cancers. Tout comme le mourant, ses proches traversent diverses étapes émotionnelles.

Regarder votre partenaire ou votre enfant mourir à petit feu, dans la douleur et l'inconfort souvent, peut exercer une énorme contrainte sur vous. Le chagrin et la peur de perdre cette personne s'accompagnent souvent d'un sentiment de culpabilité. Vous avez l'impression de n'avoir pas droit à votre chagrin et à votre peur parce que ce sont *eux* qui éprouvent du chagrin et du désespoir, ce sont *eux* qui affrontent l'angoissante expérience de la mort.

Voir un être cher mourir est une expérience qui exige une grande force, et vos sentiments méritent autant d'attention que ceux du mourant. Assurez-vous d'obtenir du soutien de la part des autres membres de la famille, de vos amis ou d'un conseiller professionnel. Ne portez pas le fardeau de vos peurs tout seul; demandez de l'aide et parlez-en afin de l'alléger.

Le même conseil vaut pour quiconque se trouve dans une situation où il doit subir une opération chirurgicale importante. Dans bien des cas, on ne vient à bout du cancer qu'en retirant une grande partie des tissus qui entourent la tumeur et pour certaines femmes, cela signifie l'ablation d'un sein. Dans d'autres cas, il faut amputer la jambe après un accident ou en raison de troubles circulatoires causés par la cigarette; ou on doit retirer une grande partie des intestins et le malade doit porter un petit sac fixé sur le ventre dans lequel il expulse ses selles.

La perspective de subir une opération de ce genre est extrêmement traumatisante parce que l'on sait que l'on perdra une partie de son corps. C'est un choix difficile à faire puisque pour sauver votre vie vous devez permettre au médecin d'estropier votre corps.

On reconnaît aujourd'hui que les personnes qui traversent des situations semblables ont besoin d'une aide psychologique après l'opération, mais on oublie parfois que le même soutien est nécessaire avant l'opération. Si vous devez subir une chirurgie quelle qu'elle soit, consultez un professionnel au sujet de vos peurs. Il existe un certain nombre de groupes et d'organismes de charité qui ont l'habitude d'aider les gens qui affrontent votre type de problème. N'hésitez pas à vous adresser à eux, ils sont là pour cela.

La jalousie est aussi la peur de perdre quelqu'un, mais une forme de peur très différente, qui n'est pas tant associée à la tristesse qu'à la colère. Une personne jalouse vit dans la crainte que son partenaire tombe amoureux de quelqu'un d'autre et la quitte.

Parfois, il est assez difficile de déterminer si la jalousie est fondée ou non. Si votre partenaire flirte avec d'autres personnes et demeure froid envers vous ou s'il vous a déjà été infidèle, votre jalousie peut vous paraître justifiée. Mais si aucun signe manifeste n'indique que votre partenaire vous trompe, ou si vous êtes jaloux avec tous vos partenaires, c'est peut-être vous qui avez un problème et non votre partenaire.

Si votre partenaire vous donne de vraies raisons d'être jaloux, vous devez clarifier la situation avec lui ou elle. Vous devez parler de vos sentiments et lui expliquer les causes de votre malaise. Si votre relation est fondamentalement positive, votre partenaire tiendra compte de vos sentiments et fera de son mieux pour modifier le comportement qui vous inquiète ou vous contrarie. Par contre, s'il ne fait aucun effort pour régler le problème, cette relation n'est pas pour vous et vous devriez y mettre un terme.

Si votre partenaire ne vous donne aucune raison d'être jaloux mais que vous éprouvez quand même de la jalousie mêlée de colère, je vous conseille de faire un examen de conscience. Jusqu'à quel point avez-vous confiance en vous? Dans quelle mesure votre image de vous-même dépend-elle de votre partenaire? Avez-vous l'impression de n'être rien sans votre partenaire? Si vous voyez votre partenaire comme un moyen de stimuler votre amour-propre, alors, bien sûr, il est très important qu'il soit disponible et présent en tout temps. Si vous doutez profondément de votre valeur, vous utilisez peut-être votre partenaire pour stimuler votre estime de soi chancelante en exigeant qu'il vous accorde une attention constante.

Tout cela n'a rien à voir avec l'amour. Cette forme de jalousie est le signe d'une possessivité destructrice qui découle d'une incapacité de se valoriser et de s'aimer soi-même. La jalousie finit par détruire une relation en l'étouffant. Si vous épiez constamment votre partenaire et doutez ouvertement de son honnêteté envers vous, vous l'acculerez de plus en plus au pied du mur. Tout d'abord, il tentera de vous convaincre que vos soupçons ne sont pas fondés, mais en général, les explications et les garanties de ce genre sont inutiles avec une personne jalouse. Comme celle-ci a constamment besoin d'être rassurée, elle n'est jamais satisfaite, et son partenaire est de plus en plus déprimé devant ses tentatives de réconfort inutiles.

Tristement, la personne jalouse provoque ce qu'elle craint le plus: le départ de son partenaire.

Si vous croyez être aux prises avec un problème de jalousie, ne désespérez pas: vous pouvez obtenir de l'aide. Lisez la partie qui porte sur l'hypno-analyse, page 154. Vous pouvez venir à bout de votre manque de confiance en vous et d'estime de vous-même afin de mener une vie plus heureuse et de vivre une relation fructueuse.

LA PEUR DE L'AVENIR

Nul ne sait ce que l'avenir lui réserve et pourtant certains d'entre nous passent beaucoup de temps à s'en soucier. Nous lisons des articles sur les dommages causés à notre environnement, l'état déplorable de nos rivières, de nos forêts et de nos océans; la quasi-disparition de certaines espèces animales; les bouleversements politiques dans un grand nombre de pays et la pauvreté et la misère des sans-abris et des réfugiés d'ici et d'ailleurs. Rien de très réjouissant, quoi!

Il peut être très déprimant d'ouvrir un journal de nos jours. Comment cela se terminera-t-il? Avons-nous un avenir ou courons-nous tout droit à la catastrophe?

Certaines personnes sont tellement négatives à propos de l'état du monde qu'elles ont décidé de ne pas avoir d'enfants. D'autres vont jusqu'à passer leur vie à se préparer à une FIN qu'elles croient imminente. Ce sont des cas extrêmes, c'est vrai, mais ils existent. La plupart d'entre nous sont très loin de ces extrêmes, même s'ils sont conscients et inquiets souvent de ce qui se passe autour d'eux et de l'avenir qui les attend.

La nature humaine est ainsi faite que nous avons peur uniquement lorsqu'un événement se produit tellement près de nous que nous ne pouvons pas fermer les yeux. Si nous vivons près d'une centrale nucléaire et entendons parler d'une fuite, nous devenons très inquiets et tentons de découvrir ce qui s'est passé et si nous sommes en danger. Mais si la fuite se produit dans une centrale *étrangère,* nous passons tout de go à la page du télé-horaire pour voir ce qu'on présente ce soir-là…

C'est la réaction moyenne de la majorité. Nous ne nous soucions d'une guerre lointaine que si elle peut avoir des répercussions directes sur nous.

Les personnes excessivement angoissées face à l'avenir sont en général anxieuses dans la vie privée. Souvent, le pessimisme qu'elles projettent sur le futur découle de l'anxiété qu'elles ressentent dans le présent (voir la rubrique sur l'anxiété, page 79). Moins vous avez l'impression de contrôler votre vie, plus l'avenir vous paraît alarmant. La peur que vous ressentez se reporte sur tout ce que vous voyez à l'extérieur de vous: les autres deviennent inquiétants parce qu'ils sont plus sûrs d'eux ou différents de vous, et les événements négatifs qui se produisent autour de vous intensifient votre impuissance et votre désespoir. Le pire dans tout cela, c'est que vos lugubres prémonitions sont fondées sur des faits — des articles écrits en noir sur blanc dans tous les journaux vous prouvent que l'avenir est sombre! Ces articles ne font que renforcer votre dépression et vous contemplez la vie d'un œil encore plus pessimiste.

Un tas de gens lisent ces actualités alarmantes mais tous ne prennent pas peur. Les personnes qui demeurent positives font leur part pour aider l'environnement, par exemple. Elles réutilisent leurs sacs d'épicerie, recyclent le papier et le verre, n'achètent pas de manteaux de fourrure et appuient un organisme de charité. Autrement dit, elles font leur possible pour aider à préserver l'avenir de notre planète. Il y a peut-être bien des choses qu'on ne peut pas changer dans la vie, mais il y en certainement une foule qu'on *peut* améliorer.

Vous pensez peut-être qu'il s'agit d'une goutte d'eau dans l'océan, mais réfléchissez-y. Avez-vous remarqué combien tous ces mouvements se sont accélérés? De nos jours, on trouve partout des conteneurs destinés à recevoir le verre et le papier (une chose inconnue il y a dix ans); les fabricants ont modifié leurs produits pour éviter d'employer des CFC (à l'origine, les défenseurs de la protection de la couche d'ozone passaient pour des hurluberlus); les grands magasins ont dû fermer leur rayon des fourrures moins de cinq ans après la campagne visant à abolir la traite des fourrures; Greenpeace et Amnistie Internationale réussissent à influencer les gouvernements et continuent d'aider à améliorer l'état du monde.

Ce n'est là qu'une petite poignée d'exemples: il en existe des centaines d'autres. Ces changements positifs sont aussi réels que les négatifs, mais malheureusement, les mauvaises nouvelles se vendent mieux; c'est pourquoi nous n'entendons pas beaucoup parler des événements positifs qui pourraient nous donner une vision moins pessimiste de notre avenir.

Si l'avenir vous inquiète, faites quelque chose. Transformez votre inquiétude en action constructive et participez à la solution. Si vous souffrez d'anxiété et que votre anxiété vous porte à désespérer au sujet de l'avenir, faites quelque chose pour changer la situation. Nous avons besoin de vous et de votre contribution positive pour poursuivre le travail constructif, un travail qui s'effectue déjà partout autour de nous et qui vise à résoudre les problèmes de notre planète.

DEUXIÈME PARTIE

Les solutions

CHAPITRE 3

Se libérer de la peur

Vous voici maintenant familiarisé avec les divers degrés et types de peur et vous avez une idée assez juste du niveau où se situent vos peurs dans le système décrit dans la première partie de ce livre.

Dans la partie qui suit, je vous demanderai d'être encore plus précis à propos de votre type de peur. Pour vous aider, j'ai conçu un tableau qui vous permettra d'observer votre peur au jour le jour. Cette observation est importante parce qu'elle vous aidera à déterminer quelle approche ou combinaison d'approches vous devez prendre pour résoudre votre problème. Dans bien des cas, vous atteindrez d'excellents résultats avec les techniques individuelles, mais il y a des cas (en ce qui touche, par exemple, les peurs des niveaux 7 à 10) où une aide extérieure s'avère nécessaire, sous forme soit d'une thérapie individuelle, soit d'une thérapie de groupe.

Avant de prendre une décision à cet égard, vous devez évaluer votre situation. Pour cela, observez à quelle fréquence revient votre peur, quelle est son intensité sur le plan physique et comportemental et quelle est la durée de chaque crise. En règle générale, on peut dire que plus sa fréquence est élevée et plus vos symptômes physiques et émotionnels sont intenses, plus vous êtes susceptible d'avoir besoin d'une aide extérieure. Dans les sections suivantes, j'ai clairement indiqué quelle méthode on pouvait utiliser soi-même et quelle méthode ne pouvait être appliquée que par un expert, tel un psychologue, un behavioriste, un hypnothérapeute ou un autre professionnel. Dans ce contexte, j'ai décidé de parler de *groupes de soutien* dans le cas des techniques individuelles, car à mon avis ils regroupent des personnes aux prises avec des problèmes similaires qui peuvent s'entraider en parlant ouvertement de leurs problèmes, en échangeant des idées et en se soutenant moralement les unes les autres. Ces groupes sont souvent animés par des personnes qui ont vaincu leur propre peur et sont bien placées pour prodiguer des conseils éclairés. Par contre, chaque fois que le groupe se trouve sous la tutelle d'un professionnel qui assigne les tâches et aide les participants à passer à travers leur problème, j'emploierai le terme *groupe de thérapie,* plaçant ainsi cette approche dans la catégorie des «thérapies».

Dans la section suivante, je vous demanderai de tenir un journal pendant deux ou trois mois. Cela vous permettra non seulement de voir plus clair dans votre situation, mais ce journal sera aussi très utile si vous deviez consulter un thérapeute. Vos notes lui donneront des renseignements précieux et accéléreront la phase de recherche des données.

Si vous hésitez encore entre un programme individuel ou une aide professionnelle, vous pouvez aussi appliquer les méthodes individuelles proposées dans les rubriques suivantes tout en observant jusqu'où elles vous mènent. Vous découvrirez peut-être qu'elles vous permettent de mieux contrôler votre peur sans toutefois l'éliminer complètement. Si vous ne disposez ni du temps ni des moyens nécessaires pour consulter un thérapeute à ce moment-ci, vous jugerez peut-être qu'une solution partielle vaut mieux que pas de solution du tout. D'une part, vous pourrez toujours consulter un thérapeute plus tard; d'autre part, il se peut aussi que le programme individuel soit suffisant pour vous permettre de surmonter votre peur.

Jetons maintenant un coup d'œil sur votre journal de départ.

DÉFINIR LA SITUATION

Méthode individuelle
Tous types de peur

Quand nous avons parlé de l'échelle de la peur en dix points (page 65), je vous ai déjà demandé de déterminer le degré de peur le plus élevé que vous aviez déjà éprouvé. Si vous avez eu de la difficulté à déterminer ce degré, un journal vous aidera à préciser les symptômes qui accompagnent votre peur de sorte que vous pourrez ensuite vous rapporter à l'échelle de la peur.

Le tableau qui suit est divisé en sections semblables à celles de l'échelle de la peur, mais j'y ai ajouté quelques points importants. Vous trouverez un exemple de journal à la page 101. Examinons-en les différentes parties.

Degré de peur
Matin, après-midi, soir

Dans cette colonne, vous devez inscrire le degré de peur que vous avez éprouvé à ce moment précis de la journée, en vous servant de l'échelle en dix points. Si ce degré fluctue, notez son point le plus élevé; en d'autres termes, si vous avez éprouvé à votre réveil une anxiété de niveau 8 et que ce sentiment a diminué lentement jusqu'à midi pour atteindre le niveau 6, alors inscrivez 8 dans la section «matin». De même, si vous avez des hauts et des bas qui oscillent entre les niveaux 3 et 5, inscrivez 5.

En règle générale, si vous éprouvez une peur de niveau 7 à 10 tous les trois jours ou même plus souvent, vous pourriez avoir besoin d'une aide professionnelle pour régler votre problème.

À ce point-ci, j'aimerais répéter que la façon dont vous évaluez votre peur est évidemment subjective, et que cela est tout à fait normal. Votre but n'est pas d'obtenir un tableau scientifique mais bien d'observer vos sentiments.

Événements

Notez tout incident inhabituel survenu durant la journée. Les imprévus peuvent augmenter votre niveau de stress et par conséquent exacerber votre peur. Les événements à inscrire dans cette catégorie sont, par exemple, une lettre de la banque, des difficultés au travail, une dispute avec vos enfants ou votre conjoint, un exposé que vous devez faire au travail le lende-main, ou même la visite anticipée d'amis ou de beaux-parents. Vos inscriptions dans cette section indiqueront si votre peur a une cause précise, s'il s'agit, par exemple, d'une phobie sociale ou d'une anxiété plus générale qui vous fait craindre tout et tout le monde.

Dans le cas d'une phobie précise, un modèle typique serait le suivant: en moyenne, le niveau général de peur est peu élevé et se situe quelque part entre 3 et 4; il n'atteint le niveau 7 ou 8 que lorsque survient la situation phobogène. Dans le cas d'une phobie précise, on observe aussi que le fait d'*anticiper* la situa-tion appréhendée augmente le niveau de peur: par exemple, le simple fait de *penser* que l'on va recevoir une injection dans une semaine peut faire grimper sa peur à un niveau très élevé. Dans le cas des phobies, la relation entre le «niveau de peur» et les «événements» est assez nette; on peut voir que ces deux élé-ments sont étroitement reliés.

En ce qui concerne l'anxiété, toutefois, le lien entre le niveau de peur et les événements est moins évident. Vous pou-vez éprouver une peur de niveau moyen, disons 6 ou 7, sans qu'il ne se passe rien de spécial. Vous pouvez même être anxieux alors que tout va bien et que vous ne subissez aucune contrainte: par exemple, vous êtes en vacances et vous devriez normalement vous détendre et être moins stressé, mais ce n'est pas le cas.

Symptômes physiques

Ne vous donnez pas la peine de noter le moindre petit détail ici. Il suffit d'inscrire les principaux symptômes. Utilisez des abréviations comme m.t. (maux de tête), ét. (étourdissements), est. (estomac) et ainsi de suite et notez à part la signification de vos symboles afin d'utiliser toujours

Jour	Niveau de peur matin, ap.-m., soir	Événements	Symptômes physiques	Symptômes mentaux/émotionnels	Stratégies d'adaptation	Sommeil	Règles
LUN	matin						
	après-midi						
	soir						
MAR	matin						
	après-midi						
	soir						
MER	matin						
	après-midi						
	soir						
JEU	matin						
	après-midi						
	soir						
VEN	matin						
	après-midi						
	soir						
SAM	matin						
	après-midi						
	soir						
DIM	matin						
	après-midi						
	soir						

les mêmes. Notez aussi si la peur vous pousse à trop manger ou vous coupe l'appétit. Consultez le tableau de la page 55 à titre de référence.

Ici encore, utilisez des abréviations pour noter des états tels que d. (dépression), conc. (manque de concentration), n. (nervosité), diss. (sentiments de dissociation), etc. Utilisez le tableau de la page 58 à titre de référence.

Stratégies d'adaptation

Examinez de quelle façon vous affrontez votre peur. Si votre niveau d'anxiété se situe au niveau 5 ou plus haut, vérifiez ce que vous faites automatiquement pour en réduire l'impact. Vous disposez d'un certain nombre de moyens pour ce faire. En voici quelques-uns:

— boire de l'alcool,
— prendre des médicaments,
— faire de l'exercice,
— ressasser votre problème,
— sortir de la maison,
— vous replier sur vous-même (vous coucher tôt; ne pas répondre au téléphone),
— trouver des prétextes pour éviter les situations potentiellement anxiogènes,
— vous distraire (tricoter; écouter la télé; lire),
— vous fermer et prétendre que la situation anxiogène n'existe pas,
— travailler beaucoup,
— rêvasser,
— téléphoner à un ami ou à une amie pour lui parler du problème.

Toutes les stratégies ci-dessus ne sont pas constructives, loin s'en faut. Certaines sont inutiles parce qu'elles compliquent le problème original. Boire de l'alcool, prendre des médicaments ou des drogues et tous les autres comportements de fuite renforcent la peur et y ajoutent les complications de la dépendance. D'autres stratégies sont plus fructueuses, comme faire de l'exercice ou parler de sa peur.

Cette partie est importante, surtout si vous affrontez votre peur d'une manière positive parce que vous pourrez alors approfondir votre stratégie (voir aussi la rubrique sur la pensée positive, page 139). Si vous constatez que vous utilisez des stratégies négatives, il est tout de même utile de vous en apercevoir et de reconnaître leur existence. À mesure que vous améliorerez votre état au moyen de méthodes nouvelles et plus constructives, vous abandonnerez petit à petit vos vieilles stratégies infructueuses.

Le sommeil

Comme nous l'avons vu dans la première partie de ce livre, la peur peut être causée par l'épuisement et l'insomnie est l'un des effets secondaires de l'épuisement physique et émotif. Les troubles du sommeil peuvent se manifester sous forme d'une incapacité de s'endormir ou d'une tendance à s'éveiller durant la nuit, ce qui perturbe la structure du sommeil. Ou vous vous éveillez des heures avant le moment approprié et êtes incapable de vous rendormir. Ces trois symptômes sont parfois présents.

Lorsqu'elle s'étire sur une longue période, l'insomnie vous épuise et joue sur vos nerfs. Si vous vous éveillez fatigué la plupart du temps, vous aurez vite fait d'épuiser vos ressources physiques. En effet, c'est pendant le sommeil que le corps recharge ses piles et si cette recharge ne s'effectue pas régulièrement, vous fonctionnerez à vide pendant la journée, ce qui peut aisément engendrer de la peur.

Certes, le système fonctionne aussi en sens inverse. Si vous avez peur pendant le jour, vous pourriez souffrir d'insomnie, ce qui risquerait d'aggraver votre problème: comme vous avez peur, vous ne dormez pas, de sorte que vous devenez très fatigué et cela intensifie votre peur, et ainsi de suite.

Tout en observant votre structure de sommeil, revoyez aussi vos activités de la soirée. Buvez-vous du café ou du thé après 18 heures? Stimulez-vous votre esprit outre mesure en écoutant la télévision trop longtemps? Vous arrive-t-il régulièrement de travailler tard de sorte que vous n'avez pas assez de temps pour oublier votre travail? Faites-vous suffisamment d'exercice pour compenser vos occupations sédentaires ou travaillez-vous avez des écrans vidéo? Il vaut la peine d'étudier la question à fond afin d'éliminer tous les stimuli nocifs qui pourraient nuire à votre sommeil. Après quelques bonnes nuits de repos, vous verrez que le monde vous paraîtra plus réjouissant et que votre peur diminuera.

Les règles

Mesdames, veuillez noter les jours où vous avez vos règles en inscrivant un «R» dans la colonne appropriée. Cela vous aidera à déterminer s'il y a un lien entre vos règles et la gravité de votre peur. Pour une plus grande précision, vous devriez tenir votre journal pendant au moins trois cycles menstruels, et même plus longtemps de préférence. Comme vos règles sont influencées par vos réactions émotives aux événements extérieurs (positifs ou négatifs), il vous faudra plusieurs mois pour obtenir des renseignements valables.

Tous les lecteurs masculins et les femmes qui sont certaines que leurs règles n'ont rien à voir avec leur peur devraient tenir leur journal pendant au moins un mois ou, encore mieux, deux. Si vous avez du mal à être constant, simplifiez-vous la vie en considérant votre journée dans son ensemble au lieu de la diviser en matinée, après-midi et soirée. Mieux vaut simplifier votre journal de cette façon que de ne pas en tenir du tout.

En fait, observer ses propres réactions est en général assez intéressant; cela ressemble à un travail de détective. Vous découvrirez des choses sur vous-même et sur votre façon de penser, ce qui est un atout quand on a un problème à résoudre.

Voici deux tableaux qui ont été remplis par des personnes souffrant de divers degrés et types de peur. Dans chaque cas, j'ai choisi une semaine typique qui illustrait très bien leur genre d'anxiété. Je vous ferai part de mes commentaires sur chaque journal pour vous aider à l'interpréter.

Pierre
26 ans, habite chez ses parents. Peur des situations sociales. Voir le tableau des pages 106-107.

Les notes de Pierre montrent assez clairement comment divers incidents de la journée jouent sur son niveau de peur. Il est intéressant de voir qu'il attribue un niveau de peur moins élevé à une querelle avec sa mère qu'à des situations moins épineuses mettant en jeu des collègues de bureau. Manifestement, il se sent plus apte à faire face à une confrontation avec sa mère qu'à parler avec un collègue de travail.

Même s'il n'a aucune raison évidente d'être nerveux un lundi matin, Pierre n'en situe pas moins cette tension au niveau 8, alors qu'il ne fait que *penser* à la journée qui l'attend.

Comme il est tendu et inquiet, Pierre ne dort pas très bien et se réveille fatigué. Par conséquent, il a moins d'énergie, est plus sensible et donc plus sujet au stress.

Olivia

70 ans, veuve, vit seule. Agoraphobe: ne peut quitter la maison qu'avec sa poussette à laquelle elle s'accroche. Voir le tableau des pages 108-109.

Comme vous pouvez le constater, les notes d'Olivia, au contraire de celles de Pierre, démontrent la présence beaucoup plus irrégulière d'un niveau élevé de peur. Son angoisse est souvent forte le matin même si aucun événement anxiogène n'est prévu pour la journée. (Cependant, cela ne signifie pas qu'Olivia n'anticipe pas la *possibilité* d'un incident angoissant pendant la journée!)

De même, il ne semble y avoir aucune explication logique au niveau peu élevé d'anxiété qu'éprouve Olivia le samedi. On comprend aisément que cet état de choses puisse être perturbant. On dirait presque que la peur a une identité propre et qu'elle frappe au hasard.

En général, Olivia dort mal et même si elle a soixante-dix ans, trois ou quatre heures de sommeil ne sont pas suffisantes. En parlant avec elle, j'ai appris qu'elle s'endormait toujours avec la radio allumée et qu'environ une heure plus tard, le bruit la réveillait. Elle a décidé d'essayer de fermer la radio une demi-heure avant d'éteindre, et elle a découvert que son sommeil s'améliorait; elle a fini par dormir cinq heures par nuit.

Pierre

Jour	Niveau de peur matin, ap.-m., soir		Événements	Symptômes physiques	Symptômes mentaux/ émotionnels	Stratégies d'adaptation	Sommeil	Règles
LUN	matin	8	obligé d'affronter mes collègues pour une autre semaine de travail	«papillons» dans l'estomac; cœur bat plus vite	manque d'appétit: difficulté à me concentrer au travail	j'essaie de me changer les idées en pensant au prochain week-end	mauvais parce que inquiet	
	après-midi	7	besoin de solliciter leur aide pour mon projet					
	soir	2	de retour à la sécurité de la maison!					
MAR	matin	6	nerveux à l'idée d'aller travailler	papillons; picotement dans paumes des mains; sueur	difficulté à parler clairement et à me concentrer	essaie d'inspirer profondément pour me calmer	mauvais	
	après-midi	8	patron m'a parlé d'une erreur commise					
	soir	5	pense encore à mon erreur					
MER	matin	7	dois affronter mon patron de nouveau. Les autres rient... de moi?	papillons; tension générale soir: tendu	soupçonneux; impression d'être un étranger	—	sommeil long à venir	
	après-midi	5	patron absent; on me laisse tranquille					
	soir	4	querelle avec ma mère à la maison					

Jour	Moment		Situation	Tension	Pensées		État
JEU	matin	5	patron absent		—		ai dormi mais fatigué au réveil
	après-midi	4	matin et a.-m.: pas trop mauvais;				
	soir	4	légère tension	soir: tendu	cela m'ennuie que ma mère soit si déraisonnable		
VEN	matin	6	patron de retour	très tendu; sueur	grande difficulté à me concentrer; muet	replié sur moi-même	épuisé; sommeil de plomb
	après-midi	8	nouvelle femme au bureau. Adorerais lui parler, mais pas le courage				
	soir	2	situation éclaircie à la maison				
SAM	matin	3	le week-end!	ça va	soulagé; détendu	—	bon
	après-midi	3	le week-end!				
	soir	2	—				
DIM	matin	2	m'ennuie mais suis en sécurité à la maison	—	—	—	pas très bon, inquiet à propos de demain
	après-midi	5	week-end presque terminé	tension augmente à l'approche du soir			
	soir	7	week-end terminé		recommencer à penser au travail, à la nécessité d'affronter mes collègues de bureau		

Olivia

Jour	Niveau de peur matin, ap.-m., soir		Événements	Symptômes physiques	Symptômes mentaux/ émotionnels	Stratégies d'adaptation	Sommeil	Règles
LUN	matin	8	rien à signaler	palpitations, sensation d'évanouissement, tremblements	anxieuse, confuse, sentiment de perdre le contrôle	—	agité, quatre heures seulement	
	après-midi	8	rien à signaler; pourquoi est-ce que je me sens comme cela?					
	soir	5	rien à signaler					
MAR	matin	7	rien	palpitations dans la matinée, diminué quand fils a appelé	anxieuse le matin, mais très heureuse de voir famille	—	mauvais	
	après-midi	6	fils a appelé; viendra ce soir avec sa famille; dois aller faire des courses					
	soir	3	visiteurs — agréable!					
MER	matin	8	rien	palpitations habituelles le matin, sensation d'évanouissement et tremblements	sentiment de perdre le contrôle et exaspération; déprimée	me distrais en jardinant; plutôt bénéfique	bon (jardinage m'a fatiguée); mais seulement quatre heures	
	après-midi	4	trois heures de jardinage					
	soir	4	repos					
JEU	matin	7	me force à aller prendre un café avec des amis; me sens idiote avec la poussette	palpitations, sensation d'évanouissement et tremblements	ras-le-bol de ma peur, décidé de la combattre. Difficile!	me force à affronter ma peur. Pas aimé ma sortie mais au moins m'a fait quitter la maison et je sais que je peux encore le faire.	agité, trois heures seulement	
	après-midi	6	travaux ménagers					
	soir	6	rien à signaler					

VEN	matin	7	doit aller faire des emplettes aujourd'hui	palpitations empirent quand je sors, très tendue, épuisée à mon retour	irritée, mécontente, perte de contrôle, déprimée	me force à affronter ma peur	bon, dormi cinq heures (!)
	après-midi	8	vais au supermarché				
	soir	5	heureuse d'être de retour à la maison				
SAM	matin	6	rien à signaler	palpitations légères, assez calme pendant ma promenade	confuse, pourquoi n'ai-je pas peur aujourd'hui? En profite pendant que ça dure	—	agité; trois heures
	après-midi	4	ai fait une promenade agréable, pourquoi ne suis-je pas nerveuse?				
	soir	2	amis ont téléphoné				
DIM	matin	8	rien à signaler	palpitations, tremblements, sensations d'évanouissement, tension	déprimée	me sens seule, fais un effort pour appeler quelqu'un	agité; trois heures
	après-midi	6	appelé une amie et bavardé				
	soir	6	rien à signaler				

RESPIRATION PROFONDE ET DÉTENTE

Technique individuelle
Tous types de peur

Chaque fois que vous avez peur, votre respiration devient plus superficielle et plus rapide et votre corps se tend. Cela se produit immanquablement et de façon assez automatique, et nous ne sommes pas toujours conscients de cette tension sauf si elle est assez prononcée. Par exemple, nous nous faisons de la bile au sujet d'un problème au travail, mais ce n'est pas avant le soir que nous ressentons une douleur à la nuque. Par contre, si une visite chez le dentiste nous rend particulièrement anxieux, nous prenons immédiatement conscience de la tension physique: notre corps semble «bloqué», notre cœur bat la chamade, nous avons la bouche sèche, les mains moites et des «papillons» dans l'estomac.

Cet effet d'entraînement entre les pensées et les réactions physiques est aussi connu comme le lien corps-esprit. Tout ce qui se passe dans notre esprit se reflète dans notre corps et vice versa. Si vous observez une scène bouleversante, deux personnes en train de vider une violente querelle, par exemple, votre corps se crispera automatiquement même si l'événement prend place sur un écran de cinéma! Le *degré* de tension sera différent selon que la querelle se produit dans la réalité ou au cinéma, mais *votre corps réagira quand même* à ce que vous percevez.

Cette interdépendance entre le corps et l'esprit devient évidente quand on souffre d'un malaise physique. Si vos reins ne fonctionnent pas correctement, vous serez plus nerveux et aurez des pensées plus négatives. Si vous avez l'estomac dérangé, vous aurez plus de difficulté à vous concentrer au travail. Cela signifie, en d'autres termes, que le lien est bilatéral: le corps peut influencer l'esprit et l'esprit, le corps.

En reportant cette notion sur un problème relié à la peur, nous bénéficions de deux angles d'attaque. Nous pouvons soit chercher à nous débarrasser de la peur et ramener ainsi notre tension physique à la normale ou nous pouvons transformer cette tension physique en détente et ainsi réduire ou même éliminer la peur. Idéalement, il faut attaquer le problème sous les deux angles et, dans les chapitres subséquents, vous verrez des exemples de résolution de problèmes tant mentale que physique.

Dans ce chapitre-ci, je m'intéresse plus particulièrement à la fonction physique la plus fondamentale, en l'occurrence la respiration. Nous respirons constamment, que nous soyons éveillés ou endormis, que nous en soyons conscients ou non. Nous n'avons pas besoin de savoir comment nous le faisons parce que notre système nerveux sympathique est programmé pour le faire à notre place et comme notre respiration se produit sans effort conscient de notre part, nous sommes rarement attentifs à la *façon* dont nous respirons. Réfléchissez un peu. Savez-vous au juste quelles parties de votre corps se gonflent quand vous inspirez? Savez-vous si votre respiration est profonde ou superficielle et comment elle varie quand vous êtes assis, quand vous courez çà et là au travail et quand vous vous trouvez au supermarché? Il est probable que vous ne pouvez pas répondre à ces questions et au fond, pourquoi le devriez-vous? Tout cela fonctionne tout seul, alors pourquoi perdre du temps à observer sa respiration?

Dans des circonstances normales, je serais tout à fait d'accord avec vous. C'est seulement quand on souffre des effets de la tension que l'on doit prêter attention à sa respiration.

Même si notre respiration fonctionne sur pilote automatique la plupart du temps, nous pouvons certainement la manipuler. C'est ce qui se produit quand vous retenez votre souffle avant de plonger dans une piscine ou respirez à tout petits coups quand cela sent mauvais afin d'inhaler le moins possible les mauvaises odeurs. Par contre, pour respirer le parfum des fleurs d'une manière plus intense, nous nous inclinons vers elles et inspirons profondément. Nous sommes donc parfaitement capables de manipuler notre respiration; aussi bien exploiter cette capacité à nos propres fins.

Si vous êtes détendu et respirez calmement, vous ne pouvez pas avoir peur, car la peur ne peut exister qu'en rapport avec un corps tendu et une respiration accélérée. Quand vous devenez très anxieux, le rythme et la profondeur de votre respiration augmentent naturellement, créant un phénomène appelé *hyperventilation*. Quand vous vous «hyperventilez», vous assimilez plus d'oxygène et rejetez une plus grande quantité de dioxyde de carbone, ce qui provoque dans la chimie sanguine des changements qui causent divers symptômes comme les vertiges, une sensation de picotement et d'engourdissement dans les mains et les doigts, des crampes musculaires et une anxiété accrue. Si vous arrivez à vous détendre et à normaliser votre respiration, votre peur se calmera.

Diverses techniques permettent de régulariser sa respiration et de se détendre physiquement. Elles sont étonnamment simples, sans être nécessairement faciles à appliquer. Chacune des méthodes suivantes doit être employée régulièrement pendant plusieurs semaines si vous voulez combattre votre peur avec succès. Si votre problème est particulièrement critique, appliquez votre méthode préférée plusieurs fois par jour.

En règle générale, plus votre anxiété est prononcée, plus vous devriez faire les exercices de respiration longtemps et d'une manière intense. C'est un peu comme habituer votre corps à modifier sa réaction aux situations anxiogènes; pour cela, vous devez interrompre constamment votre vieux modèle de tension et le remplacer par un nouveau modèle de détente.

Le principal muscle de la respiration est le *diaphragme,* sorte de membrane en forme de dôme qui sépare la poitrine de l'abdomen. Quand le diaphragme se contracte, le volume de la poitrine augmente, ce qui baisse la pression interne et entraîne l'inspiration de l'air. Quand le diaphragme se détend et s'agrandit, l'air est expulsé des poumons. Le diaphragme joue aussi un rôle dans la toux, les éternuements, les larmes et l'expulsion d'urine et de selles.

Pour localiser votre diaphragme, placez votre main sur votre estomac, les doigts légèrement écartés et le petit doigt juste au-dessus du nombril. En gros, c'est sous votre pouce, près du sternum que se trouve le point le plus élevé du diaphragme. De là, il se prolonge le long des côtes inférieures des deux côtés.

Pour permettre au diaphragme de bien jouer son rôle, vous devez lui donner l'espace et l'élasticité dont il a besoin pour bouger librement. Cela signifie qu'il faut éviter les vêtements serrés, surtout les ceintures. Une mauvaise posture est un autre obstacle à une respiration correcte. Si vous vous affalez quand vous êtes assis ou avez l'habitude d'arrondir le dos, vous limitez physiquement l'espace dont disposent les poumons pour bien se gonfler. Si vous avez du mal à bien vous tenir, vous pourriez consulter un professeur de la technique Alexander qui vous aidera à corriger votre posture.

Mais revenons à votre diaphragme. Laissez votre main là où vous l'aviez placée pour le localiser et passons tout de suite au premier exercice de respiration.

Exercice de base

1. Placez votre main sur la région au-dessus du nombril et serrez les muscles de l'estomac et du ventre pour qu'ils rentrent à l'intérieur. Tenez pendant un moment.
2. Détendez vos muscles et sentez la différence.
3. Répétez les étapes 1 et 2. Vous sentez la différence selon que la région est tendue ou détendue.
4. Maintenant, respirez par le nez de telle sorte que votre estomac et votre ventre poussent votre main vers le haut en se gonflant.
5. Expirez par la bouche et sentez votre estomac et votre ventre se dégonfler, ce qui fait redescendre votre main.
6. Répétez les étapes 4 et 5 à 20 reprises et remarquez que vous êtes de plus en plus calme.

Cet exercice m'apparaît fondamental parce qu'il se rapporte à l'une des erreurs les plus courantes que nous faisons en respirant: nous n'utilisons que la partie supérieure des poumons, celle qui se trouve derrière la clavicule. En même temps, notre estomac et notre ventre sont tellement tendus qu'ils ne gonflent pas, ce qui empêche les poumons qui se trouvent derrière de se remplir d'air.

En tendant et en détendant ces régions négligées aux étapes 1 et 2, vous voyez à quoi ressemble le fait de relâcher sa tension, et en laissant votre main monter et descendre avec votre respiration, vous apprenez à harmoniser celle-ci et, par conséquent, à amener un plus grand calme dans votre corps.

Si quelque chose vous rend nerveux ou que la peur commence à vous gagner, placez aussitôt votre main sur votre estomac et commencez à respirer correctement. Ainsi, vous pourrez contrôler votre peur beaucoup mieux et souvent même la faire disparaître.

Compter ses respirations

1. Fermez les yeux.
2. Inspirez de sorte que votre estomac et votre ventre se soulèvent, puis expirez et comptez mentalement «1». *Concentrez votre attention sur votre respiration, ne laissez pas d'autres pensées vous déranger.*
3. Continuez d'inspirer et d'expirer; à chaque expiration, dites le chiffre suivant. *Concentrez-vous uniquement sur votre respiration, ne laissez pas votre esprit vagabonder.*

À quel chiffre vous êtes-vous rendu avant de découvrir que vous pensiez à autre chose? Je peux vous dire que pour ma part, je ne suis pas allée plus loin que le chiffre 2 avant de me mettre à penser à la lessive, à une facture non payée ou à un problème au travail...

Voici quelques trucs susceptibles de vous faciliter la tâche:

a) Quand vous dites un chiffre mentalement, *voyez* ce chiffre, comme les numéros des étages qui s'illuminent dans l'ascenseur.

Accrochez-vous à cette image jusqu'à votre prochaine expiration, puis remplacez votre chiffre par le suivant. De cette façon, vous concentrez votre attention sur une image précise qui occupe de l'espace dans votre esprit, ce qui empêche d'autres pensées de s'y immiscer.

b) Une autre méthode consiste à vous concentrer intensément sur les divers mouvements et sensations qui se produisent en vous pendant que vous inspirez et expirez. Vous serez étonné de voir la quantité de détails que vous percevez et de constater qu'ils s'inscrivent dans un modèle établi.

Compter vos respirations vous aide non seulement à contrôler votre respiration, mais cela influence aussi votre état d'esprit. Pendant que vous vous concentrez sur votre respiration, vous libérez automatiquement votre esprit de toute autre pensée, surtout les pensées désagréables ou anxiogènes. De la sorte, vous pouvez commencer à vous détendre de façon telle que non seulement votre corps se relaxe, mais que votre esprit aussi se calme peu à peu. Cela facilite votre sommeil parce que les événements et les problèmes de la journée ne bourdonnent plus dans votre tête. Pendant que vous vous efforcez systématiquement d'atteindre un état physique et mental qui vous permet de vous détacher, vous créez toutes les conditions nécessaires au sommeil.

L'un ou l'autre des exercices de respiration entraînera automatiquement une détente dans le reste de votre corps. Vous êtes maintenant prêt à approfondir votre détente physique à l'aide d'un des exercices suivants.

La détente progressive

Le terme «progressive» indique ici que vous détendez votre corps par étapes successives.

1. Asseyez-vous ou allongez-vous. Si vous êtes assis, assurez-vous de pouvoir appuyer votre tête confortablement contre le dossier de la chaise ou encore placez un coussin contre le mur et appuyez-y la tête. Si vous n'avez pas d'appui et devez garder la tête droite, vous aurez du mal à détendre les muscles de votre cou; or cette région est l'une de celles où le stress se loge le plus couramment.
2. Fermez les yeux afin de mieux vous concentrer sur ce que vous faites.
3. Commencez par contracter lentement les muscles de vos pieds jusqu'à ce que vous sentiez clairement la tension. Maintenez cette tension quelques instants afin d'en prendre clairement conscience. Puis, relâchez vos muscles lentement. Si vous êtes allongé, laissez vos pieds pendre lâchement vers l'extérieur en les détendant.
4. Puis, concentrez-vous sur les muscles de vos mollets. Contractez-les lentement en bougeant le moins possible les autres muscles. Maintenez la tension pendant un moment. Puis, relâchez-les lentement jusqu'à ce qu'ils soient aussi détendus que possible.
5. Continuez de la même façon dans l'ordre suivant: cuisses, ventre, poitrine, mains, bras, épaules et cou ensemble, visage (froncez les sourcils et serrez les dents).
6. Reposez-vous un petit moment après avoir terminé l'exercice afin de profiter pleinement de votre détente.

Pour bien faire cet exercice, il faut agir posément en se concentrant intensément sur la sensation que l'on éprouve dans les diverses parties du corps quand elles se tendent, pendant qu'on y maintient une tension, pendant qu'elles sont en train de se détendre et enfin, quand elles sont parfaitement détendues.

Quand vous aurez fait l'exercice au complet, prenez conscience de votre détente physique et remarquez aussi vos signes de détente individuels. Certaines personnes éprouvent une sensation de lourdeur dans les membres ou dans le corps tout entier, d'autres se sentent légers et ont l'impression de flotter. Remarquez que votre respiration est plus calme et plus régulière, que le rythme de vos pensées s'est ralenti. Vous pouvez observer d'autres signes de détente: petits tressautements musculaires (comme ceux que l'on a parfois quand on est sur le point de s'endormir) et petits gargouillements dans l'estomac.

La visualisation

Visualiser une image mentale est une autre façon plus indirecte de détendre le corps. Cette image doit être adaptée à vos besoins; aussi, pour trouver l'image idéale, réfléchissez quelques instants à «un endroit serein, paisible et sûr où je peux être calme et détendu». Attendez quelques instants et voyez quelle image vous vient à l'esprit. Une idée peut vous venir spontanément ou vous pouvez laisser diverses possibilités flotter dans votre esprit et choisir celle qui vous attire le plus. Voici quelques idées de lieux intérieurs et extérieurs:

—une petite pièce donnant sur une campagne magnifique;
—un studio situé bien au-dessus du tourbillon de la vie quotidienne;
—une grotte creusée dans le flanc d'une belle montagne, confortablement garnie de tapis et de coussins;
—une plage tropicale de sable fin doré;
—un jardin romantique rempli de fleurs et d'arbres superbes, le parfum des fleurs flottant dans l'air;
—une colline verte d'où la vue s'étend dans toutes les directions;

—un siège placé sous un vieux saule qui se mire dans un lac merveilleux.

Les possibilités sont infinies! Il n'est pas nécessaire que cet endroit existe vraiment; vous pouvez créer votre image de toutes pièces.

Après avoir fait votre choix, procédez de la façon suivante:

1. Asseyez-vous ou allongez-vous confortablement et fermez les yeux.
2. Visualisez le lieu que vous avez choisi et imaginez que vous vous y trouvez.
3. Explorez-le du regard. Que voyez-vous? Observez autant de détails que vous le pouvez. Si, par exemple, vous avez choisi une plage, regardez les palmiers et les arabesques que dessinent leurs feuilles contre le ciel; regardez le sable, la mer; remarquez les empreintes des vagues sur le sable; observez l'eau de mer qui suinte du sable avant de se retirer; regardez les moutons blancs qui chevauchent les vagues; prenez conscience de la couleur du ciel et de la mer.
4. Plongez aussi dans les bruits de votre environnement, comme le fracas des vagues qui roulent sur la plage; le léger sifflement qu'elles font en se retirant; les oiseaux dans les arbres; le chant des feuilles de palmiers dans la brise.
5. Imaginez aussi toutes les sensations tactiles: sentez le sable fin sous vos pieds; la sensation d'une poignée de sable que vous laissez glisser entre vos doigts; le fait de marcher sur le sable mouillé près de la mer; sentez les petites vagues rouler sous vos pieds.
6. Retenez cette image et toutes les sensations qui l'accompagnent le plus longtemps possible dans votre esprit. Imaginez que vous êtes en vacances à cet endroit pendant des mois et que vous n'avez absolument rien à faire. Personne ne veut ni n'attend rien de vous, de sorte que vous pouvez *vraiment* vous détendre.
7. Observez les signes de détente après avoir ouvert les yeux (lourdeur, respiration plus facile et ainsi de suite).

C'est une bonne idée de combiner au moins deux des exercices précédents. Vous pouvez faire la détente progressive d'abord puis la visualisation, ou l'un des exercices de respiration allié à la détente progressive ou à la visualisation.

Tous ces exercices ont un effet cumulatif. Plus vous les faites, plus ils sont faciles et plus vous vous détendez rapidement.

EXERCICE PHYSIQUE

Méthode individuelle
Tous types de peur, mais pour les crises de panique, veuillez lire le nota *de la page 123.*

Vous serez peut-être étonné de trouver une rubrique sur l'exercice physique dans un livre sur la peur. Bien des gens pensent que l'anxiété est un processus purement mental ou émotif qui nuit au bien-être psychologique. Or, le fait est que n'importe quel problème relié à la peur exerce aussi un effet négatif sur le corps. Comme il existe un lien direct entre l'esprit et le corps, toute sensation de peur sera automatiquement ressentie dans le corps où elle causera une multitude de réactions, comme nous l'avons vu dans les chapitres précédents: vous vous tendez, vous transpirez, votre pouls s'accélère, votre cœur bat frénétiquement, vous avez des papillons dans l'estomac, vous contractez les muscles de la mâchoire et ressentez des picotements dans les mains, pour n'en nommer que quelques-unes. Si vous éprouvez régulièrement de la peur, vous cultivez un état continu de bouleversement émotif qui vous empêche de vous détendre physiquement. Plus votre tension physique est grande, plus vous êtes susceptible de succomber à l'angoisse. Autrement dit, les symptômes physiques créés par votre peur contribuent à perpétuer celle-ci. C'est un cercle vicieux qui vous empêche de vous débarrasser de votre peur.

C'est pourquoi l'exercice physique est une étape importante de la résolution des peurs. Vous devez continuer d'employer les techniques mentales afin de compléter votre programme de conditionnement physique, mais vous aurez beaucoup moins de mal à vous détendre mentalement si votre corps est tout à fait détendu. *Mens sana in corpore sano,* comme disaient les anciens Romains: un esprit sain dans un corps sain.

Je suis consciente que vous commencez peut-être à avoir une vision cauchemardesque de vous-même avec vos kilos superflus engoncés dans un collant disgracieux, le visage rouge pendant que vous sautillez au milieu d'un groupe de nymphettes ultralégères... Ou vous craignez de vous faire du tort ou de courir droit à la crise cardiaque si vous commencez à faire de l'exercice maintenant, alors que l'activité la plus éreintante de vos dernières années consistait à regarder les finales de tennis ou de base-ball à la télévision... Surtout, ne vous inquiétez pas car il existe des façons douces de se lancer dans un programme d'entraînement adapté à vos besoins.

Si vous n'avez pas fait d'exercice depuis longtemps, je vous conseille d'en parler d'abord à votre médecin surtout si vous avez plus de quarante ans. Vous devez vous assurer que vous ne souffrez pas de troubles cardiaques, de diabète ou de problèmes comme l'arthrite que l'exercice risque d'aggraver. Vos genoux et vos chevilles vous causent-ils des problèmes? Votre colonne vertébrale est-elle en bon état ou vous arrive-t-il d'avoir des problèmes avec vos disques à l'occasion? Votre pression artérielle est-elle trop élevée? Souffrez-vous de troubles respiratoires comme l'asthme ou la bronchite? Êtes-vous enceinte? Toutes ces conditions vous obligent à consulter d'abord votre médecin sans pour autant vous empêcher d'établir votre programme d'exercice. Il vous suffira de choisir plus soigneusement le type d'exercice qui vous convient et il se peut que vous deviez vous limiter à certains sports et à suivre certaines directives spéciales. De nos jours, dans de nombreux centres de conditionnement physique, on commence par vérifier votre forme et par s'assurer que vous n'avez pas de problèmes de santé. Cela pourrait donc constituer un excellent point de départ.

Une manière simple de vérifier si vous êtes en forme consiste à mesurer votre *fréquence cardiaque au repos*. Quand vous vous sentirez raisonnablement détendu, placez vos doigts (pas votre pouce!) sur la face interne de votre poignet et pressez très doucement jusqu'à ce que vous sentiez la pulsation. Avec l'aide d'une montre qui marque les secondes, comptez vos pulsations pendant une minute. En gros, si vous en comptez 80 ou plus en une minute, votre état physique laisse nettement à désirer; si vous en comptez entre 70 et 80, vous pourriez avoir besoin de faire plus d'exercice. Si vous en comptez moins de 70, vous êtes sans doute en forme. Ces notations sont évidemment relatives et il existe toujours des différences individuelles. La fréquence cardiaque idéale d'une personne au repos peut être de 65 tandis que sa voisine ne descendra qu'à 75 même si elle suit le même programme d'entraînement.

Avant d'examiner plus en détail les différents exercices que vous pouvez faire, laissez-moi vous expliquer plus longuement les avantages physiques que vous pourriez en retirer. Si vous faites régulièrement de l'exercice, vous influencerez votre corps d'une manière positive, ce qui accentuera votre bien-être. Après les exercices, vos muscles se détendent (même s'ils sont douloureux au début); vous utilisez votre adrénaline, ce qui abaisse votre niveau de tension émotive; la production d'endorphines, ces substances qui font qu'on «se sent bien», augmente; votre circulation et votre métabolisme s'améliorent; vous avez plus d'énergie même si vous êtes fatigué pendant les exercices et quelque temps après); votre niveau de cholestérol et votre pression sanguine diminuent et votre glycémie est mieux équilibrée. Par conséquent, vous vous sentez plus stable, vous dormez mieux et vous sentez plus maître de vous, donc moins anxieux.

Il existe une grande variété d'exercices, en voici une sélection:

marche rapide, jogging, course, course sur place, corde à sauter, trampoline, poids, aérobic, natation, équitation, aviron, vélo, patin à glace, patin à roulettes, ski, tennis, football, squash, basket-ball, volley-ball.

Votre choix dépendra du fait que vous préférez vous entraîner dans l'intimité de votre maison ou avec un groupe. Certaines personnes n'aiment pas sortir de la maison une fois rentrées du travail, aussi achètent-elles une vidéocassette et suivent-elles un programme d'exercice à la maison. Par ailleurs, il se peut que vous ayez besoin de la motivation d'un groupe pour démarrer ou que vous appréciiez les aspects sociaux de l'exercice; dans ce cas, vous choisirez un sport qui se pratique à plusieurs.

Dès que vous aurez choisi une activité ou peut-être deux activités différentes (vous pouvez combiner différents sports), si votre condition physique est raisonnablement bonne, faites un essai afin d'évaluer où se situe la limite de votre forme. Supposons, par exemple, que vous avez choisi la natation. Combien de longueurs pouvez-vous faire avant d'être à bout de souffle? Si vous avez choisi l'aérobic, combien de temps pouvez-vous suivre le reste du groupe (ou la vidéocassette) avant de devoir vous arrêter? Votre corps vous donnera des indications claires quand il en aura assez. Écoutez-le! Vous possédez un repère que vous pouvez chercher à dépasser à partir de maintenant.

Si vous n'êtes pas du tout en forme, c'est-à-dire que vous soufflez très fort après avoir monté un escalier, vous devrez peut-être commencer par un exercice plus facile. La marche rapide peut vous aider à conditionner votre système cardio-vasculaire. Ici encore, commencez par vérifier combien de temps vous pouvez marcher d'un pas énergique avant d'être à bout de souffle. Pour que votre marche soit bénéfique, vous devez marcher pendant au moins trente minutes. Une fois que vous aurez atteint ce niveau minimal et l'aurez maintenu pendant au moins cinq jours consécutifs, vous devriez pouvoir changer de catégorie d'exercice et passer, par exemple, au jogging lent, à la course sur place ou à tout autre sport qui vous tente.

Voici quelques trucs qui vous faciliteront la tâche lorsque vous amorcerez votre programme d'exercice.

1. *Portez toujours des chaussures appropriées* si vous pratiquez un sport exigeant pour les pieds. Demandez conseil le cas échéant. Vos pieds devraient être bien protégés contre les chocs, et vos chevilles et vos talons fermement soutenus si vous pratiquez une forme ou une autre de course ou de sauts.
2. *Commencez lentement.* Faites un essai pour déterminer votre limite actuelle et repoussez celle-ci graduellement. Soyez patient. Ne vous attendez pas à faire le tour du pâté de maisons aujourd'hui et à courir un marathon demain.
3. *Faites de l'exercice au moins quatre fois par semaine.* Établissez une routine, intégrez l'exercice à votre horaire quotidien si possible. Il n'est pas du tout profitable, surtout si vous voulez réduire votre niveau d'anxiété, de faire de l'exercice seulement une fois par semaine.
4. *Persévérez.* Au début, les bénéfices peuvent être éclipsés par les muscles douloureux et la fatigue, mais à mesure que vous progresserez, ces effets négatifs initiaux disparaîtront pour faire place à une plus grande énergie et à un plus grand bien-être.

5. *Récompensez-vous au début pour vous encourager à continuer.* Au début, encouragez-vous en vous accordant de petites gâteries quand vous aurez fait vos exercices. Plus tard, vous en viendrez à anticiper le moment de faire vos exercices et ceux-ci seront votre récompense.

6. *Commencez maintenant.* Commencez à vous organiser dès maintenant. Informez-vous au sujet des cours qui se donnent ou achetez une vidéocassette, procurez-vous les vêtements appropriés et lancez-vous dès que possible. Croyez-moi: le «bon moment» n'existe pas. Ne l'attendez pas, il peut ne jamais se présenter et entre-temps, vous êtes l'esclave de votre peur. Voulez-vous vraiment vous y accrocher plus longtemps qu'il ne le faut?

7. *Passez un contrat avec vous-même.* Comme il vous faudra environ quatre semaines d'exercice au rythme de quatre fois par semaine avant d'obtenir des résultats concrets à l'égard de votre peur, vous devez vous engager à faire vos exercices comme il faut, avec régularité et persévérance. Voici votre contrat!

CONTRAT

Moi, ..., je confirme que je suis une personne très volontaire et que j'en ai assez d'avoir peur. Aussi, ai-je décidé de faire quelque chose de constructif à cet égard.

Je promets de suivre mon programme de conditionnement physique au moins quatre fois par semaine pendant au moins un mois.

1re semaine ☐ ☐ ☐ ☐ ☐ ☐ ☐
2e semaine ☐ ☐ ☐ ☐ ☐ ☐ ☐
3e semaine ☐ ☐ ☐ ☐ ☐ ☐ ☐
4e semaine ☐ ☐ ☐ ☐ ☐ ☐ ☐

....
Date   Signature

---

8. *Réchauffement.* Ne vous lancez jamais dans un exercice *quel qu'il soit* sans passer d'abord quelques minutes à secouer vos membres, à étirer vos bras et vos jambes et à faire des exercices d'assouplissement. Vos muscles ont besoin d'un peu de temps pour entrer en action; de cette manière, vous

les préparez afin qu'ils puissent donner le meilleur rendement possible.

9. *Ne faites pas d'exercice si vous êtes malade.* Quand vous ne vous sentez pas bien, votre corps a besoin de toutes ses forces pour combattre la maladie, de sorte que si vous les épuisez en faisant de l'exercice, vous mettrez plus de temps à guérir ou, dans certains cas, vous pourriez même aggraver votre état.

10. *Cessez vos exercices si vous éprouvez une douleur soudaine ou aiguë.* Si la douleur persiste, consultez un médecin.

11. *Augmentez votre limite supérieure.* Pour retrouver votre pleine forme, vous devez dépasser votre limite initiale. Allez-y à votre rythme, mais faites-le. Vous voulez augmenter votre résistance parce que cela renforcera votre confiance et atténuera votre anxiété. Vérifiez votre fréquence cardiaque au repos chaque semaine (voir page 120); tant qu'elle n'atteindra pas un niveau acceptable, vous devrez continuer d'augmenter votre limite supérieure.

Croyez-moi, le jeu en vaut la chandelle! Fiez-vous à mon expérience: c'est une ex-«téléphage» qui vous parle...

Nota *à l'intention des personnes qui souffrent de crises de panique*

Faites preuve de modération en élaborant votre programme de conditionnement physique. Certains exercices peuvent produire des effets physiques qui rappellent ceux des crises de panique et cela pourrait vous dérouter au début. Sachez que la respiration s'accélère naturellement quand on fait de l'exercice, alors ne vous inquiétez pas.

LA DÉSENSIBILISATION PAR LA VISUALISATION

Méthode individuelle et thérapie
Phobies simples, phobies sociales et peur de la performance

Pour employer cette méthode avec succès, il faut avoir appris à effectuer les exercices de détente et de respiration; donc, si vous êtes passé directement à cette rubrique, veuillez revenir en arrière et faire les exercices proposés dans les parties précédentes, sinon vous n'aurez pas les aptitudes de base nécessaires à la visualisation.

Le terme désensibilisation s'applique à l'approche graduelle d'une situation ou d'un objet anxiogène. Associée à la visualisation, elle vous rapproche progressivement de votre but en faisant appel aux pouvoirs de votre imagination. Il s'agit de franchir en imagination les diverses étapes qui mènent à son but avant de le faire dans la réalité.

Cette technique présente l'avantage de vous permettre d'expérimenter des comportements dans la sécurité de votre fauteuil jusqu'à ce que vous puissiez franchir une certaine étape tout en demeurant calme physiquement; alors seulement pourrez-vous franchir cette étape dans la réalité.

Pour bien visualiser, vous devez tout d'abord vous détendre. Utilisez l'une des techniques de respiration et de relaxation proposées précédemment.

La visualisation est le langage du subconscient et c'est un langage très puissant. Tout ce que vous visualisez pendant longtemps finira par se concrétiser et cela vaut tant pour les images positives que pour les négatives!

Visualiser, c'est voir quelque chose avec les yeux de l'esprit. Nous le faisons naturellement chaque jour sans nous en rendre compte. Faites-en l'expérience avec une autre personne. Demandez-lui à quoi ressemble *son* salon pendant qu'elle se trouve dans le vôtre. Observez-la attentivement. Vous verrez qu'elle détournera d'abord la tête pour fixer un point dans l'espace ou qu'elle vous regardera comme si elle voyait *à travers* vous tout en décrivant son salon. Il se peut aussi qu'elle fasse divers mouvements de la tête ou se serve de ses mains pour décrire l'emplacement des meubles. En fait, elle *voit son salon en pensée*, d'où son regard distant.

Demandez-lui de quelle couleur est son canapé et voyez-la fixer un point dans la pièce tout en regardant son canapé en pensée; peut-être ferme-t-elle à demi les yeux pour mieux se concentrer et le «voir» plus clairement avant de vous répondre. En d'autres termes, elle regarde un objet qui n'est pas présent dans la réalité mais existe uniquement sous forme d'image dans son esprit.

Toutes les choses que nous connaissons sont emmagasinées sous forme d'images dans notre esprit et nous pouvons fouiller dans ces images pour trouver l'information dont nous avons besoin, même si les objets ne sont pas présents dans la réalité. C'est ce que l'on appelle la visualisation.

La vision de l'esprit peut être différente de la vision «normale». Si les objets de la vie quotidienne nous apparaissent d'une manière très distincte, avec des formes et des couleurs très nettes, ces mêmes objets, vus avec les yeux de l'esprit, nous apparaissent vagues et embrouillés. Quand on visualise, on a parfois l'impression de regarder une *idée* plutôt qu'une image véritable.

Si vos aptitudes à visualiser laissent à désirer, ne vous inquiétez pas car il est très facile d'exercer son imagination.

Pensez à un édifice que vous connaissez bien, votre maison ou votre bureau peut-être. Fermez les yeux, détendez-vous et partez en voyage. En pensée, voyez l'entrée, pénétrez dans la maison, parcourez toutes les pièces, regardez les meubles et la décoration, allez dans votre chambre, remarquez de quelle façon vous ouvrez la porte (de quelle sorte de poignée est-elle munie? *Regardez*-la!) et asseyez-vous dans le fauteuil le plus confortable. Regardez ce fauteuil, touchez son revêtement, tournez les yeux vers la fenêtre et observez ce que vous voyez. Décrivez à voix haute ce que vous voyez en pensée si cela peut vous convaincre que vous voyez *vraiment* quelque chose.

Rares sont les personnes qui voient des images mentales réelles et bien nettes; aussi, ne vous attendez pas à voir quelque chose qui ressemble à un film. *Ce n'est pas nécessaire de toute façon.* Tant que vous pouvez décrire à quelqu'un ce que vous venez d'imaginer, votre capacité de visualisation est assez bonne pour être employée avec la désensibilisation.

Si cet exercice vous pose des problèmes, prenez quelques instants pour regarder votre maison de l'extérieur. Attardez-vous aux détails. De quelle couleur est la porte avant? De quel côté se trouve la serrure et que se passe-t-il quand vous y insérez la clé? Si la porte comprend plusieurs serrures, remarquez laquelle vous ouvrez en premier. En franchissant la porte, quels détails vous sautent aux yeux? Une fois à l'intérieur, asseyez-vous, fermez les yeux et repassez tous ces détails dans votre esprit.

Si cet exercice vous paraît encore trop complexe, simplifiez-le davantage. Regardez des objets courants comme votre montre, votre téléphone, un cadre ou un fauteuil particulier et prenez le temps de vraiment vous concentrer sur cet objet pendant quelques minutes. Puis, fermez les yeux et essayez de vous rappeler tous les détails. Quand vous aurez «vu» tous les détails dont vous vous souvenez, ouvrez les yeux et vérifiez si votre image mentale était correcte ou si un élément vous a échappé. Vous serez étonné de constater que vous connaissez très peu les objets que vous voyez tous les jours. Par exemple, pouvez-vous dire si votre montre indique les heures au moyen de petits points, de barres ou de chiffres?... (Ne trichez pas, ne la regardez pas tout de suite, faites un effort pour vous rappeler)... Un nombre étonnant de gens sont incapables de vous fournir ces détails sur leur propre montre. Faites-en l'expérience avec d'autres personnes!

Après vous être exercé à visualiser pendant quelque temps et dès que vous serez satisfait de votre imagerie mentale, vous devez fractionner votre objectif en petites étapes qui forment ce que j'appelle l'*échelle de la réussite*.

Supposons, par exemple, que vous voulez surmonter la phobie sociale qui vous pousse à fuir les réceptions. Sur l'échelle de 1 à 10, votre but pourrait être de demeurer détendu et sûr de vous dans les soirées ou même de pouvoir en organiser une vous-même.

Votre échelle de la réussite ressemblerait à ceci:

Peur des événements sociaux

0. Incapable d'assister à une soirée.
1. Capable de penser aux réceptions sans m'énerver.
2. Capable d'assister brièvement à une soirée et de parler à une ou deux connaissances.
3. Capable d'assister brièvement à une soirée et de demeurer détendu tout en parlant à une ou deux connaissances.
4. Capable d'assister à une soirée et de demeurer détendu tout en parlant à des connaissances et en écoutant des inconnus.
5. Détendu avec les connaissances, détendu en écoutant des inconnus.
6. Capable de répondre correctement si abordé par une personne inconnue.
7. Capable d'aborder une personne inconnue et d'entamer une brève conversation avec elle.
8. Capable d'aborder plusieurs personnes inconnues et d'amorcer la conversation avec elles.
9. Détendu et sûr de moi dans les soirées.
10. Capable d'organiser une soirée et de m'y amuser.

Comme vous pouvez le constater, chaque étape est assez proche de la précédente, la seule différence entre les étapes 2 et 3 étant qu'à l'étape 2, vous adoptez un comportement tandis qu'à l'étape 3, vous l'adoptez d'une manière détendue. Cette forme de classification vous donne la chance de n'être *pas parfait* et c'est très important. Bien des gens déclarent forfait trop aisément parce qu'ils se trouvent à l'étape 4 et voudraient être à l'étape 10. Naturellement, cet écart est trop grand pour être comblé rapidement. Si, toutefois, vous le divisez en étapes plus petites et plus faciles à contrôler, votre but devient plus accessible.

Voici un autre modèle d'échelle de la réussite.

Peur de quitter la maison

0. Refuse de sortir, évite d'en parler ou d'y penser.
1. Demeure calme tout en envisageant d'ouvrir la porte et de regarder à l'extérieur.
2. Demeure calme tout en m'éloignant de la porte de quelques pas.
3. Demeure calme et détendu tout en restant à quelques pas de la porte pendant trois minutes.
4. Marche jusqu'au coin de la rue et reviens.
5. Demeure calme tout en marchant jusqu'au coin de la rue et en revenant.
6. Me rends dans une boutique voisine (*pas* au supermarché), achète un article et reviens tout de suite à la maison.
7. Me rends dans une boutique voisine, achète un article, flâne en regardant les jardins ou les vitrines sur le chemin du retour.
8. Me rends dans un magasin plus grand et plus éloigné (supermarché ou grand magasin).
9. Parcours une plus grande distance, entre dans deux magasins et flâne sur le chemin du retour.
10. Quitte la maison sans penser que cela me pose un problème.

Peut-être n'êtes-vous pas obligé de commencer à l'étape 1 si vous avez déjà atteint une étape ultérieure de l'échelle en utilisant vos propres stratégies. Vous n'êtes pas tenu non plus de diviser votre échelle en 10 étapes: peut-être vous apparaît-il plus logique de la diviser en 6 ou 8 étapes. Ce qui compte, c'est que ces étapes soient suffisamment peu éloignées pour être accessibles.

Vous possédez maintenant les deux principaux éléments de la désensibilisation: la visualisation et l'échelle de la réussite. Commencez par l'étape qui vous apparaît la plus facile. Dans le premier exemple, s'il y a longtemps que vous évitez les soirées, vous devrez commencer au bas de l'échelle, soit à la 1re étape.

Toutefois, avant de commencer à visualiser, faites TOUJOURS un exercice de détente. La visualisation ne sera efficace que dans la mesure où vous serez détendu.

À titre d'exemple, je vous guiderai maintenant étape par étape à travers les visualisations nécessaires dans le cas du premier exemple.

Visualisation — 1re étape

Après vous être détendu, laissez venir à votre esprit l'image d'une soirée. Assurez-vous que vous ne faites pas partie de cette image, mais observez-la de l'extérieur comme si elle était projetée sur un écran. Regardez les gens se déplacer, parler, rire et boire, certains plus bruyants, d'autres plus attentifs que loquaces.

Visualisation — 2e étape

Créez en pensée une image semblable à la précédente. Cette fois, imaginez que vous assistez à cette soirée en périphérie, pendant un bref moment seulement: vous bavardez avec une ou deux connaissances, vous envoyez la main à un autre convive, puis vous partez. Ne vous inquiétez pas si vous associez un sentiment de précipitation ou de manque d'intérêt à cette visualisation.

Au début, restez à l'extérieur de l'image et regardez celle-ci sur un écran. Quand vous le pourrez, entrez dans l'écran et voyez quelle sensation cela vous fait d'être *à l'intérieur* de l'image.

Visualisation — 3e étape

Comme à la 2e étape, mais modifiez votre état d'esprit et réjouissez-vous de voir les autres convives. Imaginez aussi qu'*ils* sont heureux de vous voir et vous posent des questions auxquelles vous répondez avec aisance; vous les interrogez aussi avec un intérêt sincère. Ressentez intérieurement la sensation vivante de goûter cet échange même si vous n'êtes là que pour quelques instants.

Commencez par demeurer à l'extérieur de l'écran, puis entrez-y.

Visualisation — 4e étape

Comme à la 3e étape, mais ajoutez une autre scène à votre image. Voyez-vous en train d'écouter calmement et sans parler la discussion d'un groupe de convives. S'il y a lieu, voyez d'abord la scène sur un écran avant d'y entrer, mais si vous êtes suffisamment sûr de vous, entrez directement dans l'écran.

Visualisation — 5e étape

Comme à la 4e étape, mais ajoutez-y un élément de détente. Voyez-vous en train de vous carrer confortablement dans un fauteuil et de prendre de la place avec votre corps. Si vous vous imaginez debout, appuyez-vous sur la cheminée ou un cadre de porte, un verre à la main peut-être.

Restez d'abord à l'extérieur de l'écran ou entrez-y immédiatement selon votre degré d'assurance.

Visualisation — 6e étape

Comme à la 5e étape, mais ajoutez-y le scénario suivant: une personne s'approche de vous. Imaginez qu'elle amorce la conversation avec vous et voyez-vous tous deux en train de causer. Cette scène doit être très courte (imaginez que la personne inconnue est bientôt interceptée par un vieil ami).

Visualisation — 7e étape

Revenez maintenant à la 6e étape et imaginez que c'est vous qui approchez une personne inconnue. Vous avez peut-être entendu un ami dire que vous aviez un passe-temps commun. Cela vous facilite la tâche parce que vous êtes certain que vous pourrez entretenir la conversation d'une manière détendue. Passez mentalement en revue tous les détails de la scène: vous adressez la parole à cette personne, lui posez des questions, répondez aux siennes et mettez un terme à la conversation.

Visualisation — 8e étape

Comme à la 7e étape, sauf qu'il s'agit d'un petit groupe de personnes inconnues.

Visualisation — 9e étape

Cette étape est un résumé des étapes précédentes. Assurez-vous d'éprouver un sentiment très positif et très calme tout en expérimentant votre image; sentez-vous très à l'aise avec tous les aspects de la soirée. Parlez, dansez, riez et prenez du bon temps.

Visualisation — 10e étape

Imaginez que vous aimez tellement les soirées que vous avez décidé d'en donner une. Passez mentalement en revue tous les détails, les invitations, la nourriture et la boisson, l'accueil des invités, les présentations, votre propre plaisir.

Dans l'échelle de réussite qui se rapporte aux soirées, l'écart entre la première et la dixième étape est très grand. Lorsque vous établirez votre propre échelle, vous n'avez pas besoin d'aller jusqu'à ces extrêmes. Peut-être n'aimez-vous pas du tout les réceptions, mais ne pouvez pas toujours y échapper de sorte que votre seul souhait serait de pouvoir y assister tout en demeurant maître de vous-même. Dans ce cas, vous n'avez pas besoin de prolonger votre échelle au-delà des étapes 6 ou 7.

Toute visualisation doit subir l'épreuve de la réalité sinon vous ne saurez pas quel niveau de désensibilisation vous avez atteint. Cela ne signifie pas que vous deviez assister à une soirée pour chaque étape de la visualisation. Toutefois, il serait utile de le faire, une fois parvenu à la 4ᵉ étape, par exemple, puis de nouveau quand vous vous sentirez à l'aise avec la 6ᵉ étape.

En ce qui touche le second exemple d'échelle de la réussite, qui se rapporte à la peur de sortir de la maison, cette vérification doit avoir lieu à chaque étape. Une fois une étape franchie, assurez-vous de l'accomplir à plusieurs reprises pendant que vous visualisez l'étape suivante. Par exemple, si vous avez réussi à vous rendre au coin de la rue et à en revenir (5ᵉ étape), vous pouvez vous imaginer en train d'entrer dans un magasin, mais entretemps, continuez vos petits périples jusqu'au coin de la rue. *Toute première épreuve réussie doit être suivie de plusieurs exercices d'entraînement visant à renforcer les aptitudes nouvellement acquises.* Vous devez vous familiariser avec vos nouvelles frontières et cela signifie que vous devez «patrouiller» régulièrement votre nouveau territoire afin de vous l'approprier. Vous ne devriez agrandir cet espace que lorsque vous vous y sentirez véritablement à l'aise.

Mettez vos visualisations à l'épreuve quand vous serez prêt. Soyez consciencieux. Assurez-vous de pouvoir affronter une étape avant de passer à la suivante, puis exercez-vous mentalement à franchir la nouvelle étape afin de renforcer votre confiance et appliquez-la dans la réalité à ce moment-là seulement. Rappelez-vous toujours que peu importe le temps qu'il vous faudra pour atteindre votre but, ce qui compte c'est d'y arriver.

LA PROGRAMMATION NEUROLINGUISTIQUE (PNL)

Technique individuelle et thérapie
Inquiétude, phobies simples, phobies sociales et peur de la performance

La PNL fut inventée au début des années soixante-dix à la University of California par John Grinder et Richard Bandler, qui s'étaient penchés sur les travaux de Fritz Perls, le père de la *gestalt*, de Virginia Satir, une spécialiste de la thérapie familiale, et de Milton Erickson, un psychiatre qui utilisait l'hypnose dans son travail.

Bandler et Grinder avaient entrepris d'identifier les modèles sur lesquels reposait le succès inhabituel de ces trois thérapeutes et ils conçurent, à partir de ces modèles, des techniques qui pouvaient être enseignées et utilisées tant par les individus qui voulaient améliorer certains aspects de leur vie que par les thérapeutes qui désiraient un outil efficace pour aider leurs clients à résoudre leurs problèmes.

La PNL s'intéresse à la façon dont nous structurons nos expériences subjectives dans notre esprit, dont nous organisons ce que nous voyons, entendons et ressentons, dont nous décrivons nos expériences verbalement et agissons, consciemment et inconsciemment, pour obtenir certains résultats.

À l'instar de la pensée positive, la PNL ne s'intéresse pas à la notion d'échec: il n'y a pas d'échec, seulement des résultats. Si nous n'aimons pas les résultats que nous obtenons, nous devons chercher à modifier notre façon de penser, nos croyances ou notre conception du monde afin d'obtenir les résultats désirés. La PNL nous offre de nombreuses techniques utiles qu'elle nous encourage à adapter à nos besoins subjectifs en utilisant nos propres ressources subjectives.

La PNL a apporté de nombreuses contributions valables au domaine de la résolution des peurs et des phobies et c'est sur ces techniques particulières que j'aimerais me concentrer maintenant, même si la PNL peut traiter des symptômes beaucoup plus diversifiés.

L'un de mes clients se mettait martel en tête chaque fois qu'il devait présenter un exposé ou une conférence. Comme cela ne lui arrivait que tous les deux ou trois mois, il ne pouvait s'y habituer ni perdre son angoisse d'anticipation comme c'eût été le cas s'il avait récolté de fréquents succès. Même s'il était toujours bien préparé et que ses conférences avaient été bien accueillies dans le passé, il se rongeait les sangs une semaine avant chaque événement, torturé par le doute et les nuits sans sommeil. Au niveau conscient, il savait que son anxiété était superflue, mais inconsciemment, il doutait encore et dès que son subconscient prenait le dessus (habituellement quand il était couché et sur le point de s'endormir), des pensées et des images angoissantes le perturbaient.

Au bout de deux ans, il en eut ras-le-bol et décida de faire quelque chose. Ayant entendu parler de la PNL, il procéda de la façon suivante.

Au début, il s'assit et, les yeux fermés, imagina son prochain séminaire sous forme d'image mentale. Cette image ressemblait à une photographie et représentait un auditorium bondé devant lequel il se tenait debout et parlait. Tout en regardant la photographie, il sentait déjà son pouls s'accélérer et son estomac se serrer.

Puis, il se mit à manipuler la photographie afin de remplacer la peur par un sentiment neutre. Pour y arriver, il travailla avec cette image tout en observant étroitement ses réactions physiques. Il commença par pâlir l'image dont il atténua et embrouilla les contours; puis, il tenta d'en réduire la taille en l'éloignant de lui. Il en fit aussi un cliché en noir et blanc tout en surveillant les changements qui survenaient dans son corps pendant qu'il regardait l'image avec les yeux de l'esprit.

Ayant essayé ces diverses approches, il découvrit qu'en transformant son image en cliché noir et blanc et en la ramenant à la taille d'un point noir, il pouvait remplacer son anxiété par un sentiment neutre.

Ayant cerné ce qu'il devait faire, il utilisa cette technique sans arrêt pendant plusieurs jours. Chaque fois qu'il se surprenait à penser au séminaire et à se faire de la bile, il interrompait ses pensées en fermant les yeux, revoyait le cliché noir et blanc et le réduisait à un point noir, neutralisant ainsi sa peur. Comme il persévérait dans cette voie, il remarqua qu'il dormait mieux et pensait moins au séminaire même si la date en approchait. Quand il se rendit compte qu'il pouvait chasser son inquiétude à volonté, sa confiance s'accrut et il remarqua qu'il pouvait améliorer sa performance encore davantage simplement parce qu'il se sentait plus calme et plus détendu.

Revoyons ce processus étape par étape afin que vous puissiez le refaire vous-même.

1. Asseyez-vous ou allongez-vous et fermez les yeux.
2. Pensez à la situation qui vous effraie. Remarquez quelle image vous vient à l'esprit quand vous y pensez.
3. Observez attentivement cette image. Est-elle grande, est-ce une image en noir et blanc ou en couleurs, remarquez certains détails et surtout, les sentiments que vous éprouvez en la regardant.
4. Maintenant commencez à manipuler l'image. Vous pouvez modifier divers éléments:

sa taille: l'agrandir ou la rapetisser;
son éclat: l'illuminer ou l'assombrir;
sa distance: l'éloigner ou la rapprocher;
sa précision: la rendre plus embrouillée ou plus nette;
son emplacement: la pousser sur le côté ou derrière votre tête.
Cette liste n'est pas exhaustive. Vous pouvez penser à d'autres façons de modifier l'aspect visuel de votre image.

5. Si vous associez certains sons à votre image, par exemple, si vous avez peur des chiens et associez l'image d'un chien à ses jappements, vous pouvez modifier le son de la façon suivante:
volume: baissez-le;
sonorité: adoucissez-la;
clarté: assourdissez le son;
vitesse: faites-le jouer au ralenti;
distance: éloignez-le de vous.
Ici encore, cette liste n'est pas exhaustive mais vise seulement à vous donner les caractéristiques les plus courantes. N'hésitez pas à essayer de nouvelles idées; tout ce qui compte, c'est qu'elles donnent des résultats pour vous.

6. Tout en expérimentant les étapes 4 et 5, observez attentivement quels changements réussissent le mieux à neutraliser vos réactions physiques de peur.

7. Déterminez quel changement ou combinaison de changements réussit à neutraliser votre peur. Puis, refaites les mouvements plusieurs fois assez rapidement: par exemple, réduisez à toute allure votre image à un point noir situé sur votre gauche ou assombrissez-la rapidement jusqu'à ce qu'elle disparaisse tout en baissant le volume jusqu'au bout. Recommencez l'opération cinq fois, en ne prenant qu'une seconde pour chaque répétition.

8. Maintenant, regardez votre image originale de nouveau et vérifiez ce que vous ressentez. Vous devriez vous sentir moins anxieux qu'avant ou, idéalement, plus anxieux du tout.

9. Si vous êtes encore anxieux, répétez l'étape 7 jusqu'à ce que vous puissiez regarder l'image originale sans rien ressentir.

Notre esprit a tendance à adopter certaines façons de penser et de sentir. Nous pouvons, en une fraction de seconde, apprendre à craindre une situation; pendant ce court instant, un schéma s'inscrit profondément et pour longtemps dans notre esprit et il peut resurgir pendant des années après l'événement initial. Grâce à la PNL, nous nous servons de la capacité de notre esprit d'apprendre rapidement en redessinant ce schéma à volonté et, par conséquent, en restructurant notre façon de réagir et de nous sentir.

Une autre façon de transformer sa peur grâce à la PNL consiste à donner un caractère humoristique à notre image.

Suzanne était terrifiée chaque fois qu'elle rendait visite à sa vieille tante, qui l'avait élevée avec une grande sévérité. Même si tout cela s'était passé trente ans plus tôt, ma cliente se sentait redevenir une enfant chaque fois qu'elle retournait chez sa tante. Quand je lui demandai de penser à sa tante, l'image qui lui vint à l'esprit était la suivante: elle avançait vers la porte vitrée de l'appartement de sa tante et voyait celle-ci approcher de l'intérieur. Un examen plus attentif lui révéla l'image de sa tante sous les traits d'une petite vieille vêtue de noir. Le simple fait de regarder cette image mentalement, de dire Suzanne, la mettait extrêmement mal à l'aise.

Je la priai de supporter ce sentiment encore un peu, de continuer de regarder l'image et de la transformer de manière à la rendre drôle. Suzanne expérimenta en silence pendant quelques minutes avec son image et enfin, elle pouffa de rire. Elle avait vêtu sa tante d'une chemise à carreaux et d'une mini-jupe orange, et avait enfilé des bottillons lacés verts à talons aiguille sur ses jambes grêles. Plus elle grossissait l'image dans son esprit, plus elle avait envie de rire. L'interdiction était levée et elle m'avoua plus tard que, chaque fois qu'elle allait voir sa tante, elle devait se retenir pour ne pas éclater de rire…

La PNL vous permet également de travailler avec des films mentaux et pas seulement avec des photographies. Cela peut être très utile quand vous êtes aux prises avec des phobies ou des souvenirs qui vous dérangent. Voici un exemple. Supposons que vous ayez la phobie des ascenseurs.

1. Trouvez une position confortable et fermez les yeux.
2. Imaginez que vous êtes au cinéma et regardez l'écran blanc.
3. Maintenant projetez sur l'écran une image fixe, en noir et blanc, illustrant le moment où vous vous apprêtez à entrer dans un ascenseur. Tout en conservant cette image, imaginez

que vous flottez hors de votre corps jusqu'à la cabine de projection d'où vous pouvez vous voir, là tout en bas sur votre siège en train de vous regarder sur l'écran.

4. Depuis la cabine de projection, transformez en film la photo en noir et blanc et regardez-vous en train d'entrer dans l'ascenseur, tremblant de nervosité. Voyez-vous dans l'ascenseur, en sueur, l'air affreux, paralysé par la peur, incapable de vous dominer jusqu'à ce que l'ascenseur s'arrête et que vous en sortiez. Conservez cette dernière image.

5. Maintenant sautez de la cabine de projection dans l'écran et repassez tout le film à l'envers comme si vous le rembobiniez, avec vous y figurant. Mettez de la couleur dans votre film et reculez-le en entier avec les gestes, le son et les mouvements. Procédez *très rapidement,* en une seconde.

6. Rembobinez votre film avec vous y figurant à quatre autres reprises, chaque fois très rapidement.

7. Maintenant effacez l'écran, projetez-y de nouveau votre image originale en noir et blanc et regardez-la depuis votre siège de cinéma. Vérifiez ce que vous ressentez pendant que vous regardez l'écran.

Cette technique est connue sous le nom de *guérison d'une phobie en trois minutes* en PNL et elle fonctionne en détruisant dans l'esprit le schéma habituel de peur. En passant le film à l'envers très rapidement, on embrouille la fonction déclencheur de l'image initiale qui finit par disparaître.

Vous pouvez aussi recourir à cette technique si un événement passé vous tracasse ou continue de perturber votre vie. Il peut s'agir d'un incident embarrassant ou qui a mal tourné ou d'une situation inconfortable que vous désirez effacer de votre esprit.

À titre d'exemple, supposons que vous n'arrivez pas à oublier un échec cuisant à un examen subi dans le passé. Vous vous sentez anxieux parce que vous n'avez plus confiance en vous. Si vous tentez de retrouver votre assurance, le souvenir de votre échec peut, en surgissant constamment dans votre esprit, perturber vos efforts.

Afin de reprogrammer votre esprit pour qu'il efface les sentiments désagréables associés à cet événement passé, suivez les mêmes étapes que celles de la guérison d'une phobie en trois minutes. Lorsque vous projetez de nouveau l'image initiale en noir et blanc sur l'écran, choisissez le moment qui précède votre entrée dans la salle d'examen. Depuis la salle de projection, regardez le drame se dérouler pendant que vous vous énervez et donnez les mauvaises réponses jusqu'au moment où vous obtenez vos résultats et apprenez votre échec. Sautez dans le film et projetez-le en couleurs à l'envers; faites-le rapidement cinq fois. Vérifiez ce que vous ressentez en regardant l'image originale en noir et blanc et recommencez l'opération jusqu'à ce que vous ne ressentiez plus rien.

Dans le cas de la guérison d'une phobie en trois minutes, vous constaterez peut-être qu'au début, l'effet neutralisant s'amenuise dans une certaine mesure. Dans ce cas, il vous suffit de répéter la procédure, de préférence aussitôt que vous commencez à vous sentir anxieux. Vous verrez que l'intensité et la fréquence de l'anxiété s'atténueront assez rapidement si vous continuez de bombarder votre esprit de signaux déroutants jusqu'à ce que le lien déclencheur original entre le souvenir de l'événement et votre réaction de peur disparaisse complètement.

J'aimerais parler ici d'une dernière technique de la PNL appelée fondu enchaîné («swish»). Il s'agit d'un autre outil efficace pour combattre la peur, surtout si vous savez clairement par quel sentiment la remplacer. Quand on travaille avec le fondu enchaîné, on se sert d'un sentiment positif pour effacer le sentiment négatif de peur.

L'une de mes clientes prénommée Josiane allait se marier pour la deuxième fois. Son premier mariage avait été malheureux et s'était terminé sur une note aigre, et même si son fiancé était un homme tout à fait différent de son premier mari, elle souffrait de crises de panique la nuit et craignait de courir à un nouvel échec. Rationnellement, elle savait que son fiancé et elle pouvaient être heureux ensemble et le seraient, mais la nuit, son subconscient lui envoyait des messages très différents!

Je demandai à Josiane de me donner une image mentale symbolique de sa peur. Elle se rappela le jour où elle était assise au restaurant avec son futur mari et de très bons amis et où ses doutes l'avaient rendue muette et anxieuse. Je lui demandai ensuite de projeter cette image sur un écran mental et d'observer tout ce qu'elle ressentait en la regardant.

Je lui demandai ensuite d'effacer l'écran et d'y projeter l'image d'un moment où elle se sentait très optimiste face à son mariage. Elle se rappela le jour où elle était entrée dans une petite église de campagne avec son fiancé; elle avait contemplé le magnifique paysage environnant et avait su, au plus profond de son cœur, que ce mariage pouvait réussir. Je l'invitai à projeter une image de ce moment sur l'écran et à ressentir tous les sentiments qui l'avaient envahie à ce moment-là. Dès qu'elle eut éprouvé ce sentiment d'exaltation et de confiance, je l'invitai à visualiser un écran blanc.

Puis, elle prit l'image «négative» d'elle-même au restaurant et la projeta de nouveau sur l'écran, en noir et blanc, de manière qu'elle le remplisse en entier. Elle plaça ensuite l'image «positive» d'elle-même, toute petite et en couleurs, dans l'angle supérieur droit de l'écran. Puis, je lui demandai d'agrandir rapidement la petite image en couleurs tout en la rendant plus lumineuse de façon qu'elle couvre l'écran tout entier, l'image négative se rétrécissant et s'assombrissant rapidement.

Nous répétâmes cette opération plusieurs fois, en rapetissant de plus en plus l'image négative et en rendant l'image positive de plus en plus lumineuse. Dans la dernière séquence, l'image négative n'était plus qu'un petit point sur l'écran.

Puis je demandai à Josiane d'imaginer qu'elle tenait une télécommande dotée d'un bouton d'essai; quand elle enfonçait ce bouton, l'une des deux images apparaissait à l'écran. Elle appuya mentalement sur le bouton et vit aussitôt apparaître l'image positive en couleurs. Je lui demandai d'entrer dans l'écran et de sentir vraiment ce que c'était que d'être sûre de soi et d'avoir confiance, puis de sortir de l'écran et d'ouvrir de nouveau les yeux.

Je l'invitai à se rappeler l'écran. Chaque fois que ses doutes la reprendraient, elle devrait fermer les yeux et observer la dernière séquence avec le petit point noir au milieu, balayé par la belle photo aux couleurs lumineuses. Ses crises de panique cessèrent.

Dans cette partie, j'ai décrit trois techniques différentes employées en PNL qui sont toutes très efficaces quand on les applique correctement. Vous verrez qu'un grand nombre de peurs réagissent très positivement à ces méthodes.

Laissez-vous guider par vos préférences et utilisez votre imagination quand vous travaillez avec des images.

Si les exercices de PNL vous posent des problèmes, consultez la liste qui figure à la fin de ce livre pour trouver l'adresse d'un spécialiste de la PNL dans votre région.

LA PENSÉE POSITIVE

Technique individuelle et thérapie
Inquiétude, phobies simples, phobies sociales, agoraphobie et peur de la performance

Une légende raconte qu'il y a bien des années se dressait un temple d'or en Inde au beau milieu d'une jungle épaisse. C'était un temple magnifique avec des murs dorés qui brillaient au soleil. À l'intérieur, des milliers de miroirs de cristal couvraient ses murs.

Un jour, un chien se perdit dans la jungle et parvint jusqu'au temple. Il admira le magnifique édifice et en prit immédiatement possession. Quand il entra dans le grand hall avec ses milliers de miroirs, il vit soudain des milliers de chiens dont le regard féroce n'avait d'égal que le sien. Craignant que ces chiens lui volent le temple d'or, il montra les crocs et se mit à aboyer avec colère. Tous les autres chiens lui répondirent de la même façon. Le chien devint si furieux qu'il voulut attaquer l'un des mille chiens, s'écrasa contre les miroirs et se rompit le cou.

Bien des années plus tard, un autre chien se perdit dans la jungle et arriva au temple. Quand il entra dans le hall aux miroirs, il se trouva lui aussi face à des milliers de chiens. Heureux de trouver autant de ses semblables dans un endroit aussi isolé, il agita joyeusement la queue et tous les chiens firent pareil. Il en fut si touché qu'il vint régulièrement voir ses nouveaux amis du temple.

Vous avez certainement éprouvé la vérité de cette histoire vous-même. Une attitude positive entraîne des résultats positifs; une attitude négative peut conduire à l'échec ou même au désastre. Heureusement, la plupart d'entre nous ne nous rompons pas la nuque parce que nous sommes négatifs à propos de nous-mêmes et de la vie. Toutefois, il a été démontré qu'on a plus de chances d'être malade et de contracter des maladies comme des ulcères et même le cancer quand on cultive des pensées négatives. Il semble qu'une attitude négative ait un effet contraire sur notre système immunitaire et empêche aussi les blessures de guérir rapidement.

En 1987, on effectua des tests au St. Thomas Hospital de Londres dans lesquels on fit jouer à un groupe de patientes une cassette suggérant qu'elles guériraient rapidement et n'éprouveraient aucune douleur pendant qu'elles subissaient une hystérectomie. Plus tard, quand on compara ce groupe à un groupe de contrôle qui avait subi la même opération sans entendre les messages positifs, on découvrit que les patientes du premier groupe s'étaient rétablies plus rapidement et avec moins de complications que celles du groupe de contrôle.

Il est essentiel d'avoir des pensées positives si l'on veut surmonter sa peur. D'une certaine façon, n'avez-vous pas, en achetant ce livre-ci, posé un geste positif en soi? Vous vous êtes dit: «Ce livre m'aidera peut-être à résoudre mon problème.» Cette pensée démontre que vous reconnaissez l'existence d'une solution et que vous êtes optimiste, d'un optimisme prudent peut-être, mais pourquoi pas?

Pensez aux années qui viennent de s'écouler; rappelez-vous d'autres difficultés survenues dans votre vie et la façon dont vous les avez surmontées. Songez à vos succès passés. Ils ne vous sont pas tombés tout cuits dans le bec, n'est-ce pas? Certains problèmes vous paraissaient impossibles à régler à l'époque et vous avez peut-être douté de jamais pouvoir vous sortir du pétrin ou trouver une solution à une difficulté particulière et pourtant vous l'avez fait.

Rappelez-vous l'époque où vous avez appris à écrire. Il vous paraissait impossible de différencier la lettre «p» de la lettre «q», elles se ressemblaient tant! Vous avez douté de jamais y parvenir jusqu'à ce que vous ayez réussi à force de persévérance.

Pourquoi, chaque fois que nous nous heurtons à un nouveau problème, agissons-nous comme si c'était le premier, comme si nous n'avions jamais eu de succès? Nous doutons de nos capacités et nous faisons du mauvais sang au lieu de nous concentrer sur la recherche d'une solution.

Bien des gens ont l'impression d'être des ratés parce qu'ils ont peur. Ils se sentent inférieurs parce que la peur les rend différents des autres; elle les met à part parce qu'elle les handicape. Bien des gens ne cherchent pas à obtenir de l'aide parce qu'ils ont honte d'avoir peur en premier lieu. Soyez conscient que *ce n'est pas votre faute si vous avez peur*. Comme vous l'avez vu dans la première partie de ce livre, les peurs peuvent surgir pour diverses raisons et sont pratiquement toutes extérieures de sorte qu'elles ne peuvent pas avoir été créées par vous ou à cause de vous.

Vous possédez déjà une personnalité de base à la naissance; vous n'avez pas choisi d'être extraverti ou timide. Vous n'avez pas non plus choisi vos parents ni les circonstances dans lesquelles vous avez grandi; vous n'avez pas décidé d'avoir des parents affectueux ou cruels. Ce n'est pas votre faute si on vous a humilié ou ignoré et si, à la suite de cela, vous avez perdu votre confiance en vous et commencé à éprouver des symptômes de peur. L'idée que l'on paie dans cette vie-ci pour des erreurs ou des péchés commis dans une vie antérieure (karma) m'apparaît comme un concept très négatif et un relent du vieux principe chrétien qui veut que l'on naisse coupable.

Nous commettons *tous* des erreurs, *tous* nous faisons ou avons fait dans le passé des choses qui étaient mal ou qui ont blessé d'autres personnes. Nous devons *tous* travailler sur nous-mêmes afin de nous améliorer le plus possible, mais je ne suis pas du tout d'accord avec l'idée qu'il y a un Dieu là-haut qui attend de nous punir pour nos erreurs passées. Certains d'entre nous sont peut-être plus favorisés que d'autres en ce qu'ils jouissent d'une situation plus favorable ou sont doués d'un tempérament plus optimiste, et pourtant nous pouvons tous être frappés par la peur à un moment donné de notre vie. De même, nous avons tous la possibilité de nous débarrasser de cette peur en autant que nous prenions sur nous de trouver une solution et de faire des efforts.

Dans ce contexte, j'affirme clairement qu'*il est possible de se débarrasser de n'importe quelle peur en autant que l'on soit déterminé à travailler sur elle*. Tout en lisant cette phrase, vous vous dites peut-être que vous êtes la seule exception, mais je vous assure que bien des gens qui pensaient comme vous sont venus me consulter; ils avaient l'impression que rien ne pouvait les aider et pourtant ils sont venus à bout de leur peur ou de leur anxiété. Vous ne pouvez pas échouer si vous persévérez, seul ou avec l'aide de quelqu'un.

Gardez l'esprit ouvert. Même si vous n'avez pas la moindre idée de la façon d'éliminer votre peur, croyez que c'est possible. Ce n'est pas parce que vous ne voyez pas de solution qu'il n'en existe pas. Si vous ne pouvez pas y croire, au moins faites semblant qu'il y en a une. Plus vous prendrez le temps de réfléchir à l'heureuse issue de vos efforts, plus vous serez tenté de travailler sur votre peur et plus vous aurez de chances d'en venir à bout.

Il ne fait aucun doute que la résolution de votre problème exigera des efforts de votre part. Si vous cultivez des pensées positives pendant que vous avancez péniblement vers votre but, la vie vous paraîtra plus facile. Pourquoi être malheureux quand on peut se donner du bon temps?

Voici un choix de techniques positives.

Cultivez la méthode qui vous réussit

Quand vous teniez un journal, je vous ai demandé d'observer les stratégies d'adaptation que vous utilisiez. Ce point est important parce que vous pourriez déjà posséder la solution sans le savoir.

Depuis quelques années, depuis, en fait, qu'elle avait accepté d'héberger son père âgé, Martine souffrait d'anxiété. En tenant un journal, elle découvrit que son anxiété était pire quand un différend l'opposait à son père. Ce dernier n'était pas facile à vivre et en outre, Martine s'était habituée à vivre seule depuis la mort de son mari, huit ans auparavant.

L'atmosphère était plutôt tendue entre Martine et son père, encore qu'il n'y eût pas de confrontations directes entre eux. Son père était étonnamment en forme pour son âge mais il ne levait pas le petit doigt pour aider Martine dans la maison. Celle-ci rentrait d'une longue journée de travail pour constater que son père n'avait même pas pris la peine de rapporter sa tasse et son assiette du petit déjeuner à la cuisine.

Martine était consciente que son père avait vécu pendant des années avec sa mère à ses pieds. Mais même si elle comprenait cela avec son esprit, ses émotions lui donnaient un autre son de cloche. Elle en voulait à son père de rester assis à la maison toute la journée à lire des magazines et à regarder la télévision sans contribuer à l'entretien de la maison alors qu'elle-même se mettait en quatre pour lui faire plaisir tout en occupant un emploi exigeant à temps plein.

Un jour qu'elle ne se maîtrisait plus, elle engueula son père et son anxiété disparut totalement. Elle se sentit beaucoup mieux pendant les quelques heures qui suivirent, puis elle se culpabilisa de s'être emportée contre le vieillard. Or, le fait que son emportement eût éliminé son anxiété pendant quelque temps lui apparut comme une révélation. Elle avait manifestement trouvé une solution fructueuse bien qu'elle n'aimât pas l'idée de devoir rabrouer son père pour alléger son anxiété. Comment pouvait-elle rendre sa stratégie d'adaptation plus acceptable?

Nous décidâmes ensemble qu'elle devait exprimer ce qu'elle ressentait *avant* d'atteindre le point de non-retour. Elle devait demander carrément à son père d'accomplir quelques tâches domestiques simples quand elle était absente. À sa grande surprise, la réaction de son père à sa requête, qu'elle avait réussi à présenter d'une manière calme et polie, fut positive, et il accepta de mettre la main à la pâte. Il demeurait un homme difficile, mais à mesure que Martine apprenait à exprimer ses besoins au lieu de les refouler, la vie devenait plus facile pour elle. Son anxiété disparut et ses rapports avec son père s'améliorèrent de sorte que sa nouvelle stratégie profita à tout le monde.

Relisez votre journal. Employez-vous déjà une stratégie fructueuse pour vous? Peut-être vous sentez-vous mieux quand vous jardinez. Alors, jardinez à corps perdu! Non seulement éliminerez-vous votre anxiété mais vous remporterez peut-être le prix du jardin le mieux entretenu du quartier! Peut-être avez-vous découvert que la compagnie des gens vous apaisait. Envoyez des invitations *maintenant*! Ou peut-être est-ce le contraire: vous êtes moins anxieux quand vous jouissez d'un peu de paix et de tranquillité. Donnez-vous cet espace. Dites aux autres que vous ne voulez pas être dérangé pendant une heure ou deux. Retirez-vous de votre environnement s'il y a lieu, partez en promenade, allez en ville, achetez un magazine et attablez-vous dans un café. Quelle que soit la stratégie qui vous réussit, cultivez-la. Vous avez sans le vouloir trouvé une solution à votre problème, alors profitez-en au maximum.

Réfléchissez au résultat positif de votre stratégie

Vous pourriez décider de n'utiliser qu'une des solutions proposées dans ce chapitre ou une combinaison de plusieurs d'entre elles. La méthode ou les méthodes que vous choisissez et la façon dont vous les combinez dépendent de vos préférences.

Pendant que vous travaillez avec les différentes techniques, prenez quelques minutes chaque jour pour «rêvasser» au moment où vous aurez atteint votre but et serez libéré de votre peur.

Si vous avez la phobie de manger en public, imaginez ce que ce serait que d'accepter avec joie les invitations à sortir, de goûter le plaisir de manger au restaurant tout en poursuivant une conversation intéressante. Si vous souffrez d'anxiété, imaginez que vous vous éveillez le matin, frais et dispos, et prêt à vivre la journée avec un sentiment de légèreté et de liberté. Vous pensez peut-être que ce sont là des idées chimériques puisque vous vous débattez encore avec votre peur, mais vous pouvez en arriver là. Croyez-y et si vous en êtes incapable, faites semblant d'y croire et rêvassez quand même. D'autres personnes l'ont fait avant vous, vous pouvez le faire aussi!

Ruminez ces pensées positives plusieurs fois par jour et essayez aussi d'imaginer les sentiments qui accompagnent le fait d'avoir atteint son but: soulagement, libération, fierté d'avoir surmonté les obstacles, ivresse du succès. Plus vous sentirez ces sentiments positifs, plus vous serez motivé à aller dans cette direction. Tout ce que l'esprit peut percevoir, il peut le réaliser, vous verrez!

Vous pouvez pousser cet exercice de pensée positive encore plus loin en imaginant que vous êtes projeté vers un point où vous avez vaincu votre peur depuis longtemps. Imaginez que vous prenez place dans une machine à avancer dans le temps qui vous conduit à un moment du futur où vos problèmes sont loin derrière vous. Tournez-vous vers le passé et contemplez ces mauvais jours où la peur vous tenaillait encore; aujourd'hui, vous ne comprenez pas que vous ayez pu être aussi déprimé à ce sujet que vous l'étiez alors. Observez comment vous vous êtes sorti du tunnel, les efforts que vous avez déployés et votre lente progression vers le point où vous vous trouvez aujourd'hui. Observez aussi avec les yeux de l'esprit votre première percée, «rappelez-vous» la première fois où la peur a cessé de gouverner votre vie, évoquez cet événement spectaculaire et le fait qu'être libéré de la peur est devenu votre façon de vivre habituelle.

Le fait de cultiver ce type de pensée imprimera une attitude positive dans votre subconscient en effaçant les messages négatifs antérieurs qui remontaient sans cesse à votre conscience chaque fois que vous envisagiez de travailler sur votre peur. Tout ce à quoi on pense pendant longtemps finit par se réaliser; donc, au lieu de penser à votre peur, pensez que vous l'avez vaincue. La clé consiste à cultiver ces pensées positives, peu importe ce qui se passe autour de vous, et tout en remplaçant systématiquement vos pensées négatives par des positives, vous avancerez vers votre but, qui est d'être la personne heureuse et sans peur que vous voulez être et méritez d'être.

Répétez des affirmations positives

Une autre technique utile dans ce contexte consiste à se répéter certaines phrases clés, faciles à se rappeler parce qu'elles sont très courtes. Écrivez vos affirmations favorites sur des morceaux de papier et collez-les aux endroits de la maison où vous passez souvent: la porte du réfrigérateur, le miroir du hall d'entrée, la porte de votre placard, la porte de la maison (à *l'intérieur*, sauf si vous croyez que le facteur et le laitier ont besoin d'avoir des pensées positives eux aussi). En outre, répétez ces phrases en silence pendant que vous attendez l'autobus ou faites une promenade ou pendant les temps morts au travail.

Voici quelques suggestions concernant divers types de peur. Choisissez celles qui vous attirent. Si la phrase sonne vrai, elle est bonne pour vous.

Agoraphobie

- J'ai conquis l'intérieur de ma maison, je peux conquérir l'extérieur aussi.
- Je dépasse mes limites facilement et sans effort.
- Je suis assez fort pour repousser les barrières qui m'empêchent de sortir.
- Je progresse petit à petit, en toute sécurité.

Crises de panique

- Même si les crises de panique sont désagréables, elles ne peuvent pas me causer du tort.
- Je redeviens maître de moi, au moment qui me convient et à mon rythme.
- Tout finit par passer, même les crises de panique.

Inquiétude

- Je n'ai pas le temps de me tracasser à ce sujet maintenant. Je me tracasserai plus tard.
- J'oublie de m'inquiéter de plus en plus souvent.
- J'ai des choses plus importantes à faire que m'inquiéter.

Phobie

- Je ne veux plus de ma phobie et je la mets à la poubelle maintenant.
- Ma phobie est en train de disparaître, simplement elle ne le sait pas.

Nervosité reliée aux examens

- Je me concentre tellement bien pendant mon examen que je le trouve très facile.
- Je suis étonné de constater à quel point je suis calme dans les moments importants.
- Les examens sont étonnamment simples.

Phobies sociales

- Je suis aimable envers les autres et les autres sont aimables envers moi.
- Je me mêle facilement et sans effort aux autres.
- Les autres m'acceptent même s'il m'arrive de l'oublier.
- Ma confiance en moi grandit lentement mais sûrement.

Surveillez votre langage

C'est un détail, mais qui a néanmoins son importance. Chaque fois que vous parlez de votre phobie à quelqu'un, modérez votre vocabulaire et même votre ton de voix. Ne gesticulez pas et ne criez pas à pleins poumons: «Je *déteste* les ponts! Leur seule *proximité* me rend malade! Je ne pourrais *jamais au grand jamais* en traverser un même si on me *payait*!» N'élevez pas la voix, réduisez l'information à l'essentiel («Les ponts m'effraient. Je n'aime pas les traverser») et éliminez autant que possible toute émotion exagérée de votre voix.

De même, ne chuchotez pas d'une petite voix timide que l'exposé que vous avez dû présenter au travail vous a mis à bout de nerfs. Parlez d'une manière normale et posée: «J'étais très mal à l'aise de parler devant mes collègues et j'ai l'impression de ne pas m'être montré à ma juste valeur.»

Plus vous mettez de mélodrame dans votre voix, plus vous devenez frénétique et intensifiez le problème dans votre esprit. Inscrivez votre peur sur votre liste mentale de choses «à faire» et traitez-la comme une autre tâche «à accomplir», quelque chose qui prend un peu l'allure d'une corvée mais dont vous devez quand même vous occuper.

Chaque fois que vous parlez de votre peur, ce ne sont pas seulement les autres qui écoutent, mais votre subconscient aussi. De même que vous pouvez influencer celui-ci au moyen d'affirmations positives et d'images, vous pouvez aussi y imprimer des messages négatifs; donc surveillez la façon dont vous parlez de votre peur.

Cette règle ne s'applique pas si vous répondez aux questions précises de votre thérapeute au sujet de votre peur. Dans ce cas, il convient de décrire les choses en détail sans vous inquiéter outre mesure des composantes émotionnelles qui surgissent à ce moment-là.

INJONCTION PARADOXALE ET DÉ-RÉFLEXION

Méthode individuelle et thérapie
Phobies sociales, crises de panique et problèmes sexuels

Voici deux méthodes très efficaces qui furent utilisées pour la première fois en 1929 par le psychiatre viennois Viktor E. Frankl. Ce dernier est le père d'un concept psychologique appelé «logothérapie» qui se rapporte à la recherche fondamentale du sens de la vie. À l'instar des tenants du behaviorisme et d'autres formes ultérieures de thérapie, Frankl croyait qu'il n'est pas toujours nécessaire de trouver la cause sous-jacente des symptômes de la peur pour guérir ceux-ci.

On reconnaît depuis longtemps que, dans le cas d'une phobie, par exemple, c'est l'attente d'une récurrence de la peur qui rend une rechute plus probable. Si votre main tremble pendant que vous prenez votre tasse de café en présence de tiers, vous pourriez fort bien vous attendre à ce qu'elle le fasse chaque fois que vous tenez une tasse en public. Comme vous vous y attendez, vous devenez tendu et votre main tremble de nouveau. Comme vos inquiétudes se sont avérées justes, vous êtes de plus en plus convaincu que vous avez un problème et vous vous concentrez là-dessus. Où que vous alliez, vous êtes toujours *conscient* que vos mains tremblent et vous évitez de tenir une tasse en présence d'autres personnes. En même temps, vous vous rendez compte que vous êtes parfaitement capable de tenir une tasse sans trembler quand vous êtes seul. Mais peu importe les efforts que vous faites, vous n'arrivez pas à stabiliser votre main en présence d'autres personnes.

Le thérapeute qui utilise l'injonction paradoxale encourage son client à inverser son intention. Au lieu d'inviter son client à cesser de trembler, il le met au défi de *trembler volontairement*, de trembler aussi rapidement que possible et de renverser autant de café qu'il le peut. Autrement dit, il *prescrit* le symptôme au lieu de tenter de l'éliminer.

Au début, cette requête peut sembler illogique au client, mais les résultats justifient très bientôt les moyens. De même qu'il est vrai de dire que plus vous essayez de ne pas trembler, moins vous y parvenez, il est aussi vrai de dire que plus vous essayez de trembler, moins vous y parvenez. Poussé à produire le symptôme exprès, le client affronte sa peur du même coup. En d'autres termes, il domine sa peur au lieu de se laisser dominer par elle. Ainsi, le cercle vicieux de la prédiction autodéterminante est rompu, le client a l'impression de maîtriser la situation, il est plus détendu et peut donc cesser d'avoir peur de trembler, ce qui fait cesser ses tremblements.

Dans bien des cas, l'injonction paradoxale donne des résultats dès le premier essai. Une amie à moi eut une grave crise de panique vers midi un jour. Cette crise était survenue sans raison apparente et tout à fait inopinément. Comme quiconque a déjà eu une crise de panique le sait, c'est une expérience horrible et mon amie craignait de la voir se reproduire.

Toutefois, elle ne se laissa pas démonter. À l'approche de midi le lendemain, elle se dit: «Bon, faisons les choses comme il faut. Si je dois avoir une autre crise de panique, aussi bien l'enregistrer!» et elle mit le magnétophone en marche. Elle n'eut pas d'autre crise de panique.

Lorsque vous utilisez l'injonction paradoxale, vous pouvez soit exprimer des pensées à haute voix soit vous servir d'un scénario écrit comme je le fais avec mes clients. Voici un exemple.

Géraldine vint me voir parce qu'elle craignait les crises de panique chaque fois qu'elle attendait l'autobus. Cette peur remontait à la fois où elle avait ressenti de vives douleurs menstruelles à l'arrêt d'autobus; elle s'était sentie faible et avait craint de s'évanouir. Elle avait dû se cramponner à une rampe pour ne pas tomber. Quand l'autobus avait fini par arriver, elle tremblait de tout son corps et s'était laissée tomber sur un siège. Depuis ce jour, elle éprouvait une violente anxiété chaque fois qu'elle attendait l'autobus, surtout s'il était long à arriver. Elle avait tellement peur qu'elle aurait évité de prendre l'autobus si elle avait pu marcher jusqu'à son travail.

Pour commencer, je demandai à Géraldine quelle était la pire chose qui pouvait lui arriver si elle avait une crise de panique à l'arrêt d'autobus. Elle réfléchit un moment et répondit que ce qui pouvait lui arriver de pire serait qu'elle tombe et que les autres la voient étendue par terre, incapable de se maîtriser, embarrassée et humiliée de se retrouver dans une telle situation.

Après que nous eussions déterminé les attentes de Géraldine, j'écrivis la note suivante:

Aujourd'hui est le plus beau jour de ma vie. Aujourd'hui, je vais leur montrer à tous! Je suis décidée à avoir la crise de panique la plus violente de toute ma vie. Finies les demi-mesures! Cette attaque-ci sera fameuse. J'ai décidé de me laisser tomber sur le sol et d'écumer. Je crierai et tout le monde me regardera. J'espère que l'autobus sera vraiment en retard afin que j'aie le temps de mettre le paquet pour mon magnifique numéro. Je leur en ferai voir de toutes les couleurs et plus il y aura de gens, mieux ce sera. Tous les journaux en parleront demain!

Je demandai à Géraldine de lire cette note à haute voix avec emphase. Elle le fit et éclata de rire en disant qu'elle ne pensait pas être capable de se laisser tomber ainsi et d'écumer. Je lui dis que tout ce que je lui demandais, c'était de lire mon scénario plusieurs fois à l'arrêt d'autobus et de faire de son mieux.

Géraldine manquait de conviction mais elle me promit néanmoins d'exécuter consciencieusement sa mission. Le soir, elle téléphona pour me dire qu'elle n'arrivait pas à croire ce qui s'était produit. Elle avait lu et relu son scénario et l'autobus avait beaucoup de retard, mais elle était restée calme et concentrée, et son trajet avait été tout à fait agréable même si elle avait dû rester debout, ce qui, en tout autre temps, l'aurait inquiétée.

Une autre fois, un jeune homme vint me voir. Il s'était fiancé mais hésitait à se marier parce qu'il était incapable de manger dans un endroit public avec une femme. Cela signifiait qu'il ne pouvait jamais emmener sa fiancée au restaurant ni partir en vacances avec elle sauf si le couple prenait un appartement avec une cuisine.

Il avait eu sa première crise de phobie quand il était sorti déjeuner avec deux jeunes femmes du bureau. Ils avaient mangé de la pizza tout en bavardant quand il avait été pris de graves nausées et avait dû s'excuser pour aller vomir dans les toilettes. Même si les jeunes femmes avaient été très gentilles avec lui, il avait été profondément embarrassé et ne pouvait se consoler de sa mésaventure.

Depuis ce jour, il évitait de prendre ses repas en public et était même anxieux à l'idée de manger chez sa fiancée. Il restait toujours à jeun six heures au moins avant d'aller chez elle afin que, son estomac étant tout à fait vide, il ne risque pas d'être malade en sa présence.

Nous scrutâmes attentivement l'incident initial pour tenter de trouver la cause de son malaise. Sous hypnose, il se rappela la conversation qu'il avait eue avec les jeunes femmes ce jour-là, mais elle ne contenait rien qui puisse l'avoir perturbé. Nous étudiâmes la possibilité que sa phobie soit une façon d'éviter le mariage, mais là encore, les résultats furent négatifs. Il ne répondait pas très bien à la désensibilisation systématique de sorte que nous tournions en rond avec son problème. L'injonction paradoxale m'apparut alors comme un dernier recours.

J'expliquai à mon client qu'il existait une méthode qui donnait de merveilleux résultats mais qu'elle était plutôt étrange. J'ignorais s'il voulait l'essayer. Il m'assura qu'il était prêt à tout en autant qu'il se débarrassât de son problème. Je lui expliquai alors que s'il arrivait, *une seule fois*, à être malade exprès au restaurant en présence de sa petite amie, c'en serait fini de ses malaises.

Manifestement, cette idée le stupéfiait, mais il était prêt à l'essayer. Il voulait savoir s'il devait être malade à table ou si cela compterait s'il vomissait dans les toilettes. Je lui dis que je préférais qu'il soit malade à la table si possible et il partit en promettant de faire de son mieux.

Il revint une semaine plus tard, guère content de lui-même. Il déclara qu'il était allé au restaurant avec sa fiancée et qu'il s'était senti extrêmement nerveux. Aussitôt qu'il avait commencé à manger, il avait eu des nausées, mais n'avait pas réussi à régurgiter. Il m'indiqua avec la main que les nausées étaient montées jusqu'au milieu de sa poitrine seulement.

Je secouai la tête d'un air déçu et lui avouai d'un ton sévère que ce n'était pas suffisant et qu'il devrait redoubler d'efforts la semaine suivante.

Quand il revint la semaine d'après, il arborait un air piteux. Ses premiers mots furent: «Ce n'est pas ma faute! J'ai tout essayé!» Et il me raconta qu'il avait emmené sa fiancée au restaurant le samedi, jour particulièrement achalandé et qu'il appréhendait le plus, s'était assis en plein milieu du restaurant, (la fois précédente, il s'était assis sur le côté, près des toilettes), avait commandé tous les plats au menu y compris ceux qu'il n'aimait pas, avait tout mangé, mais n'avait pas ressenti le moindre haut-le-cœur. «Pis que cela, ajouta-t-il d'un ton morose, j'ai même fini par me détendre au bout d'un certain temps!» Toutefois, comme il était résolu à remplir sa mission, il était allé aux toilettes et s'était enfoncé un doigt dans la gorge mais sans succès. Il avoua avoir misérablement échoué, mais non faute d'avoir essayé.

C'est alors que je lui rappelai la raison qui l'avait mené vers moi de prime abord: il était incapable de manger dans un endroit public en présence d'une femme; or c'était justement ce qu'il avait fait la semaine précédente. Comme il dut admettre qu'il avait absolument tout fait pour être malade mais avait échoué, nous convînmes qu'il n'avait sûrement aucune chance de régurgiter s'il *n'essayait même pas!* Son visage s'illumina, il se rendit compte que son problème était résolu et partit d'un pas joyeux.

L'injonction paradoxale est aussi utile dans le cadre d'un programme individuel. Dans ce contexte, peu importe que vous sachiez comment fonctionne le «truc» puisqu'il marche de toute façon. La plupart des gens qui l'utilisent seuls trouvent plus facile d'écrire un mot qu'ils lisent et relisent.

Si vous vous écrivez une note, assurez-vous de tourner clairement vos phrases sous forme d'*intentions*. Utilisez des expressions comme «Je suis décidé à» ou «J'ai décidé de» et exprimez clairement votre intention d'en faire tout un plat. L'injonction paradoxale produit d'excellents résultats avec les tics faciaux, l'insomnie («Je suis décidé à ne pas dormir quoi qu'il arrive!»), l'inquiétude, les crises de panique, et même les habitudes assommantes des enfants: au lieu de vous époumoner parce que votre bambine de quatre ans refuse de manger et court autour de la table, demandez-lui de courir beaucoup plus vite. Elle s'assoira sans doute pour ne pas vous donner la satisfaction d'avoir le dessus...

La deuxième méthode, élaborée par Frankl, est la déréflexion. Frankl utilisait cette méthode depuis les années quarante et Masters et Johnson l'approfondirent et la raffinèrent en

1970. Ici, le but est de distraire l'attention du client et de l'amener à s'intéresser à autre chose afin qu'il cesse de penser à son problème et retrouve sa spontanéité. Cette technique est très fructueuse dans les cas où une personne est incapable de se détendre parce qu'elle pense trop, pour les problèmes d'ordre sexuel, par exemple.

À une époque sexuellement libérée où la contraception est accessible à tous et où le nombre de célibataires ne cesse de croître, les hommes plus que les femmes se sentent obligés de «le faire». Les rapports sexuels demeurent, malgré le sida, très à la mode, et on entend de plus en plus parler non pas d'un seul orgasme, mais d'orgasmes multiples! Pendant longtemps, on a proclamé que les femmes devaient avoir plusieurs orgasmes pendant les rapports sexuels, mais maintenant cette vague atteint les hommes.

L'intérêt accru des médias pour le sexe et les allusions continues de la publicité au sexe attirent l'attention sur le fait qu'être sexy est indispensable si l'on veut réussir, ce qui pousse de plus en plus les hommes comme les femmes à tenir un rôle. Cela crée des problèmes dans le cas d'une activité dont le succès est fondé sur une attitude détendue et spontanée. Le vaginisme, la frigidité et l'impuissance, tous ces problèmes viennent du fait que l'on veut bien faire mais qu'on a peur en même temps. Si on fait trop d'efforts pour réussir une chose qui fonctionne uniquement si elle est spontanée, on a peu de chances de réussir. Mais comment être spontané à dessein?

En général, les thérapeutes aident leurs clients à atteindre ce but en les invitant à faire quelque chose qui détourne leur attention de leur problème sexuel. Une femme incapable d'atteindre l'orgasme devra concentrer son attention sur son partenaire. Un couple dont l'homme est impuissant devra passer toutes ses soirées au lit en se concentrant sur les préliminaires et en évitant la pénétration. Comme il concentre maintenant son attention sur autre chose que la pénétration, l'homme peut avoir une érection spontanée et finalement, des rapports sexuels complets.

La dé-réflexion est aussi utile dans les cas où une femme n'arrive pas à tomber enceinte parce qu'elle est trop tendue. Sa difficulté à concevoir peut découler du fait qu'elle est trop intense et trop crispée de sorte que son corps se tend et est de moins en moins capable de fonctionner normalement et d'engendrer aisément. Ce type d'infertilité se règle souvent spontanément quand le couple prend congé, part en vacances, se détend et se change les idées. Dans d'autres cas, la femme tombe enceinte quand le couple a abandonné tout espoir et adopté un enfant: en l'absence de toute contrainte, la femme s'est détendue et a conçu un enfant!

La dé-réflexion peut aussi être utile dans le domaine des sports. Si un joueur s'est suffisamment exercé à faire un certain mouvement, par exemple à servir au tennis, un excès d'ambition peut aisément gâcher son service en entravant le mouvement naturel de son bras. Afin de retrouver ce mouvement naturel, le joueur doit, par exemple, concentrer son attention sur l'extension vers le haut du bras qui lance la balle de sorte qu'il oublie le bras qui tient la raquette. Ce dernier peut alors exécuter une séquence de mouvements correcte et non inhibée.

L'injonction paradoxale et la dé-réflexion sont particulièrement utiles aux gens qui essaient trop fort de réussir ou qui ont de la difficulté à se détendre ainsi qu'à ceux qui ont du mal à surmonter des peurs qui sont devenues des habitudes chez eux.

L'HYPNO-ANALYSE

Thérapie
Phobies simples, phobies sociales, peur de la performance, anxiété et crises de panique

Cette forme de thérapie s'est énormément répandue depuis dix ans dans le cas des troubles comme l'anxiété, les crises de panique et diverses phobies, surtout celles dont l'origine est inconnue.

Freud lui-même utilisa l'hypnose au début afin de découvrir les causes profondes de la névrose de ses patients, mais il y renonça parce qu'il crut qu'elle produisait des résultats non valables lorsque plusieurs de ses patientes se mirent, sous hypnose, à évoquer des souvenirs d'inceste. La notion d'agression sexuelle au sein d'une même famille semblait si barbare aux yeux d'un Freud du dix-neuvième siècle qu'il rejeta ces souvenirs d'inceste en disant que ces femmes prenaient leurs désirs pour des réalités et éprouvaient en fait inconsciemment du désir sexuel à l'égard de leur père.

L'hypno-analyse combine la psychanalyse à l'hypnose. Alors que d'autres formes de thérapie comme la programmation neurolinguistique (PNL), la désensibilisation et la pensée positive s'intéressent au *symptôme*, l'hypno-analyse s'attaque au problème sous un angle différent en en cherchant plutôt la racine. La théorie qui sous-tend cette approche veut qu'un problème ait toujours une cause. Nul enfant ne naît phobique ou sujet à des crises de panique. À notre arrivée dans le monde, nous sommes dotés d'une grande réserve de confiance et c'est seulement quand nous vivons des expériences négatives ou nocives que nous perdons cette confiance et devenons anxieux ou phobiques. Il est donc nécessaire, en vertu de l'hypno-analyse, de se pencher sur ces expériences négatives et de passer à travers afin de nous libérer du stress émotionnel que ces événements passés ont créé en nous. Une fois le passé clarifié, la tension disparaît et avec elle, l'anxiété et les crises de panique.

La tension peut s'accumuler pendant de nombreuses années et soudain, exploser ou imploser. Les explosions se produisent sous forme de crises de colère ou de panique; les implosions entraînent un état dépressif découlant du fait que le corps est incapable d'affronter la pression grandissante qu'il subit et s'effondre. Si vous avez eu une enfance difficile, que vos parents étaient violents ou souvent absents ou qu'ils ne s'intéressaient pas à vous, ou si vous venez d'un milieu où vous étiez souvent ridiculisé ou rabaissé, il se peut que vous manquiez de confiance en vous et vous sentiez vulnérable et impuissant, un état qui constitue un sol fertile pour l'anxiété! Si alors vous épousez une personne négative ou qui ne vous encourage pas, votre tension s'accroît encore davantage. Tout autre problème tel que des conflits professionnels ou des complications familiales peuvent suffire à déclencher votre première crise de panique ou à vous plonger dans un état quasi permanent d'anxiété.

En général, la tension résulte d'un certain nombre d'événements survenus dans le passé ou d'un ou deux incidents qui ont eu un puissant impact sur vous. Les conflits fréquents entre les parents peuvent rendre l'enfant craintif, de même qu'un grave accident ou une seule agression physique. Si vous avez eu la

malchance d'être attaqué physiquement, vous vous rappelez
que vous êtes demeuré craintif pendant des mois et parfois des
années par la suite, appréhendant que l'incident se renouvelle.
Les hommes et les femmes qui ont participé à une guerre ou ont
été pris en otage sont souvent hantés par des souvenirs cauche-
mardesques du passé qui perturbent leur sommeil ou ne leur
permettent pas de mener une vie libre de toute peur.

Si vous avez tendance à ressasser des souvenirs pénibles
qui remontent à votre enfance ou des échecs passés tout en vous
culpabilisant, et souffrez des effets de la peur, vous verrez que
l'hypno-analyse est un outil puissant et efficace susceptible de
clarifier et d'éliminer les causes de votre peur.

Comme j'utilise l'hypno-analyse depuis des années, je suis
consciente que cette forme de thérapie inquiète bien des gens au
début. Ils craignent ainsi d'ouvrir un panier de serpents ou
d'être incapables de faire face à la cause de leur anxiété, une fois
celle-ci mise à jour. Certains trouvent plus rassurant de vivre
avec l'ennemi bien connu qu'est leur anxiété plutôt que de
fouiller dans des souvenirs susceptibles de les bouleverser. Bien
sûr, c'est un choix que chacun doit faire pour soi-même. Il reste
que, même si une analyse peut être déroutante et inconfortable,
la plupart des gens ne trouvent pas le processus aussi difficile
qu'ils le croyaient. Une fois le secret exposé au grand jour, il
perd de son pouvoir sur vous. En outre, votre thérapeute ne
vous fera pas faux bond dès le moment où vous aurez découvert la cause profonde de votre problème. Il vous aidera à passer à travers votre souvenir traumatisant afin que vous puissiez
l'accepter émotivement avant de le laisser aller.

Si on utilise l'hypno-analyse dans ce contexte, c'est qu'elle
permet d'accéder plus facilement à ses souvenirs. L'hypno-
analyse est un état de détente et de concentration dans lequel le
sujet est tout à fait capable d'entendre et de se rappeler ce qu'on
lui dit, en plus de pouvoir parler et de se souvenir des faits
assez facilement. Loin d'être inconscient, il est encore plus conscient, ce qui lui permet d'accéder plus facilement à ses souvenirs et diminue, de ce fait, le nombre de séances nécessaires à la
résolution de son problème. En général, une hypno-analyse
s'échelonne sur 6 à 12 séances.

De nombreuses phobies sont directement reliées à l'événement original. Si vous avez déjà été piqué par une abeille, il se

peut que vous développiez une phobie envers les abeilles et les insectes similaires. Si, toutefois, la peur n'a plus de lien direct avec sa cause sous-jacente, comme dans le cas des crises de panique, elle est plus difficile à expliquer.

Imaginez la scène suivante. Vous êtes au supermarché et vous vous apprêtez à faire vos emplettes. Rien de particulier ne vous tracasse en ce moment. Vous tendez la main vers une boîte de céréales quand vous avez soudain l'impression qu'une mâchoire de fer se referme sur votre cœur; votre poitrine se serre, vous êtes paralysé sur place, votre cœur bat la chamade et des sueurs froides vous glacent tout le corps. Vous êtes peut-être sur le point de vous évanouir et devez vous asseoir ou vous allonger. Si on vous emmenait à l'hôpital, les médecins vérifie-raient automatiquement si vous avez été victime d'une crise cardiaque. Ils constateraient que votre cœur est en parfaite santé et vous renverraient chez vous en vous disant que vous n'avez rien ou souffrez de stress ou d'anxiété. Ils vous demanderaient de vous ressaisir ou de consulter un psychiatre. Or, ce qu'ils devraient vous dire, c'est que vous venez d'être victime d'une crise de panique et que, au lieu d'avaler des pilules, vous devriez examiner votre vie de plus près afin d'en finir avec ces crises.

Même si une crise de panique n'est pas assez grave pour vous envoyer à l'hôpital, elle n'en demeure pas moins une expérience horrible. Parce qu'elle leur tombe dessus sans crier gare, bien des personnes ont l'impression de perdre la raison. Elles ne savent pas à quel moment une crise les frappera, ni où ni avec quelle force. C'est comme un ennemi secret et méchant qui vous traque, et quelles que soient les précautions que vous preniez, il vous prend toujours par surprise. Vous avez l'impression de n'avoir aucun contrôle sur ce qui vous arrive et c'est ce sentiment précis qui vous met sur la piste de la cause profonde de ces crises.

Dans les paragraphes qui suivent, je vous raconterai l'his-toire de deux clients qui ont vaincu les effets de la peur grâce à l'hypno-analyse.

Émilie souffrait de graves crises de panique depuis huit ans, soit depuis son mariage avec Carlo. Sa mère n'avait pas approuvé ce mariage et, le jour du départ de sa fille, elle s'était plainte que celle-ci l'envoyait tout droit à la tombe en l'abandonnant ainsi. Jusque-là, Émilie avait toujours été celle qui obéissait, à l'opposé de sa sœur Michèle qui avait la réplique facile et était en général beaucoup moins soumise que son aînée. Mais malgré son attitude obéissante et prévenante, Émilie n'arrivait jamais à contenter sa mère. Qu'elle fasse les lits ou récure les planchers, sa mère repassait toujours derrière elle. Même quand Émilie fut mariée et que sa mère vint vivre avec elle (elle n'était pas morte après tout!), celle-ci ne cessait de s'extasier sur les talents de cordon-bleu de Michèle sans rien dire de la cuisine d'Émilie.

Carlo, son mari, ne lui était d'aucune utilité, lui non plus. Il ne faisait rien à la maison, laissant Émilie se charger de tout, y compris la décoration et la peinture, alors qu'elle occupait un emploi à temps plein comme lui tout en prenant soin de leur petit garçon.

Carlo était issu d'une famille d'Italiens de la première génération d'immigrés qui avaient l'habitude, au cours de leurs réunions familiales, de potiner au sujet des membres de la famille absents. Ils critiquaient beaucoup, et les plus timides essuyaient le plus fort de ces critiques. Chaque fois qu'Émilie et sa famille rendaient visite à une tante, celle-ci commentait la maigreur de son mari et de son fils et demandait à Émilie si elle les nourrissait comme il faut. Lors de la naissance de son fils, la mère de Carlo était restée toute la semaine à l'hôpital, ne permettant pas à Émilie d'avoir le bébé près d'elle et insistant pour garder le berceau loin de son lit. Chaque fois qu'Émilie tenait son bébé dans ses bras, sa belle-mère le lui enlevait. Émilie, qui avait subi une césarienne, éprouvait une envie désespérée de connaître son bébé, mais comme elle craignait d'offenser sa belle-mère, elle ne dit rien jusqu'au moment où elle fut si agitée et si en colère qu'elle fondit en larmes et ordonna à sa belle-mère de lui laisser prendre le bébé.

Par la suite, il y eut de nombreuses occasions où les membres de sa famille se chargèrent de la vie d'Émilie qui éprouvait l'impression grandissante de perdre le contrôle. Cette situation la mettait en colère, mais elle n'avait pas le courage de protester. À la fin, elle était si retournée que le simple fait de *penser* à ses relations familiales lui causait une tension et un malaise.

Au travail, c'était la même histoire. Elle ne disait pas un mot quand ses collègues négligeaient de faire leur part ou faisaient quelque chose qui la contrariait. Et bien sûr, par-dessus le reste, il y avait les crises de panique. De toute façon, elle était tout le temps anxieuse, c'était devenu une seconde nature. Mais quand elle était sujette à une crise de panique, elle se sentait si mal après coup qu'elle devait quitter la pièce, peu importe où elle se trouvait; alors elle s'effondrait et versait des larmes de désespoir. À certains moments, elle était si déprimée qu'elle envisagea même de se suicider.

En fait, Émilie tentait désespérément de garder le couvercle des bonnes manières sur la colère que suscitaient en elle les ingérences de sa famille et de sa belle-famille dans sa vie. De temps à autre, la colère accumulée devenait plus forte que le bras qui tenait le couvercle, symboliquement parlant, et elle «explosait» sous forme de crise de panique. Son corps s'assurait de soulager sa tension de temps en temps en libérant les émotions refoulées à travers une crise de panique, puisque la voie normale qui aurait été d'engager le fer avec sa parenté était bloquée par son refus de reconnaître sa colère. Son éducation avait fait d'elle une «gentille» petite fille, une fille et une belle-fille soumise qui écoutait les conseils de ses aînés. Et même si ces derniers la rabaissaient la plupart du temps, elle avait du mal à le reconnaître. Elle allait même jusqu'à prendre le parti de sa tante difficile en disant qu'elle «avait toujours été comme ça» et qu'au fond elle avait «un cœur d'or».

À mesure que progressait sa thérapie, le lien entre la colère d'Émilie et ses crises de panique devint plus évident. Les pires attaques survenaient toujours quand elle s'attendait à voir sa parenté ou qu'un aspect de son travail la contrariait depuis quelque temps. Petit à petit, Émilie apprit à exprimer ses sentiments d'une manière constructive. Elle mit de l'ordre dans les événements qui avaient causé ses problèmes dans le passé et elle apprit aussi à se tenir debout, tant à la maison qu'au travail. À mesure que grandissait sa confiance en elle, les membres de sa parenté cessèrent de la mener à la baguette; sa mère alla même jusqu'à la complimenter sur sa cuisine!

Pour la première fois, elle eut l'impression de prendre sa vie en main et quand quelque chose la dérangeait, elle le disait sur-le-champ, de sorte que sa colère n'avait pas de chance de s'accumuler comme avant. Ses relations la respectent beaucoup plus aujourd'hui et sollicitent ses conseils au lieu de lui imposer les leurs. Les crises de panique sont devenues des reliques du passé.

Cet exemple démontre à quel point les sentiments peuvent devenir puissants quand on les refoule. Émilie avait si bien réussi à cacher (inconsciemment) sa colère qu'elle avait pratiquement oublié son existence. C'est seulement quand elle se fut accumulée au point d'atteindre un niveau intolérable et commença à «exploser» sous forme de crises de panique qu'Émilie demanda de l'aide et entra enfin en contact avec ce sentiment parfaitement justifié. Par la suite, elle apprit à utiliser sa colère d'une manière fructueuse et put reprendre sa vie en main.

La deuxième histoire est celle de Florence qui avait tellement peur des injections qu'elle était incapable de donner un échantillon de sang ou même de se faire épiler les jambes par électrolyse.

Cette phobie ne lui avait pas posé de vrai problème jusqu'au moment où elle et son mari décidèrent d'avoir des enfants. Florence savait qu'une fois enceinte, elle devrait subir des prises de sang; de plus, elle ne voulait pas transmettre sa phobie à ses enfants. À quelques reprises, elle s'était montrée très brave et s'était efforcée de maîtriser sa peur. Plusieurs fois, elle alla jusqu'à s'asseoir dans le cabinet de son médecin, mais quand l'infirmière arriva avec la seringue, elle fit une crise et refusa l'injection.

Cette peur des injections semblait remonter à son adolescence mais pas plus loin que cette période. Elle se rappelait avoir reçu une piqûre à dix ans sans faire d'histoire.

Florence était issue d'une famille nombreuse qui comptait six enfants. Elle avait grandi sous la tutelle d'un beau-père, son propre père étant mort dans un accident quand elle avait trois ans. Ce même accident avait laissé sa mère très malade de sorte que la famille se souciait constamment de sa santé.

Malgré son excellente mémoire, certaines années de son adolescence demeuraient un mystère pour Florence. Elle n'avait aucun souvenir précis de sa vie entre douze et quinze ans. (Ce détail était significatif pour moi puisqu'une période ainsi effacée de la mémoire recèle en général des émotions refoulées.)

Dès que Florence eut appris à entrer en état d'hypnose, nous établîmes que sa peur remontait au passé. Comme elle décrivait sous hypnose tous les sentiments associés à sa phobie, je l'invitai à revenir en arrière et à trouver un souvenir relié à des sentiments similaires. Elle se rappela divers incidents survenus dans des cabinets de médecin, où elle avait éprouvé le même affolement alors qu'elle était sur le point de recevoir une piqûre, mais quand nous arrivâmes à son adolescence, un souvenir très différent émergea. Elle évoqua vaguement un incident désagréable et angoissant mettant en cause deux hommes, et ce souvenir semblait en quelque sorte relié à un sentiment de panique et de douleur.

Au cours des séances subséquentes, ce souvenir s'éclaircit petit à petit et avec lui de puissants sentiments de culpabilité apparurent. Il se trouva que Florence avait une amie, Catherine, qui venait d'un foyer désuni où les enfants étaient laissés à eux-mêmes. Catherine traînait dans les cafés et semblait incroyablement futée aux yeux de la petite Florence de treize ans qui l'admirait et était heureuse de la suivre. Catherine buvait de l'alcool et semblait connaître un assez grand nombre de jeunes gens.

Un jour, elle proposa à Florence d'aller acheter une bouteille de vodka. Florence, impressionnée encore une fois par l'audace de son amie, acquiesça, et les deux jeunes filles entrèrent dans un magasin sans licence de débit de boissons où on leur vendit de la vodka sans problème. Les jeunes filles errèrent pendant un moment et finirent par entrer dans un café que Catherine avait l'habitude de fréquenter. Elles commandèrent des sandwichs et de temps en temps, buvaient furtivement une gorgée de vodka à même la bouteille qu'elles avaient cachée sous la table. Florence n'avait jamais bu d'alcool, mais elle ne se fit pas prier, voulant prouver qu'elle en était capable elle aussi. La vodka n'avait pas un goût très prononcé, mais bientôt, les deux jeunes filles furent en proie à un léger vertige.

Entre-temps, elles avaient été rejointes par deux jeunes gens que Catherine semblait connaître. Les hommes s'assirent à leur table et se mirent à bavarder avec elles. Déjà à ce moment-là, Florence se sentait très mal et Catherine, ivre elle aussi, proposa de retourner chez ses parents qui étaient absents. Ils quittèrent le café ensemble et dès qu'elle fut dehors, Florence vomit. Elle tremblait et était étourdie par l'alcool, et elle ne voulait pas aller chez Catherine avec les autres mais ils eurent raison de son refus. Elle se sentait physiquement trop faible pour leur opposer une forte résistance.

Entre-temps, les jeunes gens avaient hélé un taxi et avant que Florence puisse protester, ils étaient en route.

Pendant le trajet, les deux hommes se mirent à lutiner les jeunes filles. Florence, qui était malheureuse et encore très malade, tenta de repousser leurs avances, mais sans succès. Le chauffeur de taxi remarqua ce qui passait à l'arrière mais ne broncha pas.

Quoi qu'il en soit, ils se retrouvèrent tous chez Catherine et la seule chose dont Florence se souvenait, c'était d'avoir été maintenue au sol, écartelée et déchirée, puis d'avoir ressenti une vive douleur; ces sensations parurent se prolonger indéfiniment. Elle se rappela aussi avoir éprouvé des picotements douloureux dans les bras *comme si on y plantait des aiguilles*. Au cours d'une séance ultérieure, elle découvrit ce qui s'était vraiment passé: il semblerait que les deux hommes avaient éteint leurs cigarettes sur ses bras après l'avoir violée tous les deux, puis l'avaient laissée inerte sur le sol, en sang, ses vêtements déchirés.

Elle n'avait personne à qui se confier, craignant, si elle racontait son histoire à sa mère malade, que le choc ne la tue. En outre, elle avait l'impression de n'avoir eu que ce qu'elle méritait: elle n'aurait pas dû boire d'alcool ni consentir à aller chez Catherine.

Toutes ces informations émergèrent graduellement sous hypnose en même temps que les souvenirs, accompagnés de violents sentiments de culpabilité et d'auto-accusations. Nous savions désormais pourquoi Florence avait peur des injections. Elles lui rappelaient l'expérience atroce de ses treize ans, les brûlures de cigarette qui ressemblaient à des piqûres sur ses bras.

S'il est vrai que nous ne pouvons pas changer le passé, nous pouvons certainement modifier ce que nous ressentons à propos d'un événement passé. Pour Florence, il s'agissait maintenant de tirer les choses au clair et de replacer les événements dans leur contexte. Cette étape était importante parce qu'après tout, elle continuait de se sentir impuissante et vulnérable chaque fois qu'elle pensait au viol ou en parlait. Il importait qu'elle transforme ces sentiments en émotions plus actives afin de pouvoir reprendre sa vie en main et se débarrasser de sa peur des injections.

Nous passâmes en revue les événements douloureux en les regardant du point de vue d'un observateur et en commençant par l'entrée de Florence dans le magasin sans licence. Pendant qu'elle était sous hypnose, je demandai à Florence de bien regarder ce souvenir et de prétendre qu'il s'agissait d'un film. Dès qu'elle fut capable d'adopter la position d'un observateur adulte, elle se rendit compte qu'elle était contrariée que le tenancier du débit ait vendu de l'alcool à deux fillettes qui n'avaient manifestement pas l'âge requis. Elle prit conscience du fait que son amie et elle n'étaient en fait que deux enfants qui expérimentaient et que, dans cette scène, la véritable responsabilité incombait à l'adulte, c'est-à-dire au tenancier de l'établissement qui n'aurait pas dû leur vendre de vodka.

Nous passâmes ensuite à la scène du café, que nous regardâmes de nouveau du point de vue d'un observateur. En voyant ce souvenir défiler sur un écran de cinéma, Florence dut reconnaître qu'elle ne pouvait pas comprendre l'effet que produirait la vodka sur elle puisqu'elle n'en avait jamais bu. En tant qu'observateur adulte, elle put voir que les fillettes se comportaient d'une manière vraiment idiote, mais elle était consciente aussi qu'elles ne pouvaient pas savoir qu'elles avaient affaire à un produit qui les rendrait malade. Sur l'écran, Florence put reconnaître l'événement pour ce qu'il était: deux fillettes très jeunes et immatures qui se mettent dans le pétrin par ignorance.

Petit à petit, son puissant sentiment de culpabilité s'estompa quand nous regardâmes le trajet en taxi et vîmes que le chauffeur était parfaitement conscient de ce qui se passait mais refusait d'intervenir. Comme Florence était en colère contre lui, je l'invitai à imaginer qu'elle entrait dans l'écran et lui exprimait sa contrariété, ce qu'elle fit.

Puis vint la partie la plus difficile où Florence dut contempler de l'extérieur la scène du viol. À ce stade-ci, elle était déjà beaucoup plus forte parce qu'elle avait exprimé sa colère à diverses reprises lors des séances précédentes; elle ne fut donc pas trop bouleversée par la scène finale. Elle comprenait très bien que personne ne souhaiterait subir le sort réservé à la jeune fille qu'elle voyait sur l'écran. En pensée, elle entra dans l'écran et traita ses assaillants comme ils l'avaient traitée puis les réduisit en bouillie pour faire bonne mesure. Elle sortit de cette séance fort soulagée et beaucoup plus heureuse qu'elle ne l'avait été depuis longtemps.

L'hypno-analyse complète s'échelonna sur neuf séances après lesquelles Florence put recevoir des traitements d'électrolyse sur les jambes; quelques semaines plus tard, elle reçut une piqûre sans aucun problème.

La cause de la peur de Florence était enfouie dans son subconscient, ce qui rend son histoire quelque peu sensationnelle. Je dois souligner, toutefois, que dans la plupart des cas, la cause est beaucoup plus banale et qu'elle est souvent même connue consciemment du client. Le problème tient souvent au fait que celui-ci ne se rend pas compte à quel point l'incident l'a touché au moment où il s'est produit.

Quand nous jetons un regard sur notre enfance, nous avons souvent tendance à oublier à quel point la vie est différente pour les enfants qui ne peuvent pas fuir facilement des situations blessantes ou intolérables, pour la simple raison qu'ils n'ont pas le pouvoir de le faire ou ne savent pas comment s'y prendre. Être persécuté à l'école, par exemple, n'est pas bénin. Pensez-y! Imaginez que vous deviez aller travailler tous les jours et qu'un collègue menace de vous corriger (et le fasse) si vous ne lui donnez pas votre argent. Songez à la terreur que vous éprouveriez tous les matins en sachant que vous devez de nouveau affronter cette personne et en vous demandant si vous réussirez à vous en tirer sans blessures. En tant qu'adulte, vous avez au moins le pouvoir de changer d'emploi. L'enfant, lui, n'a pas cette chance!

Les enfants sont très vulnérables. Les rebuffades sont plus lourdes à porter, les humiliations et les échecs laissent des blessures plus profondes et ont des répercussions plus graves sur eux que sur les adultes.

L'hypno-analyse est un outil merveilleux qui peut aider à résoudre les traumatismes et à rétablir l'équilibre afin que les sentiments négatifs soient associés aux souvenirs qui les ont causés, puis laissés dans le passé, auquel ils appartiennent.

L'IMMERSION

Technique individuelle employée sous surveillance
Inquiétude, phobies simples et peur de la performance

L'immersion est un processus dans lequel une personne est plus ou moins brusquement exposée à une situation qui lui causerait normalement une très forte anxiété. Par opposition à la technique de la désensibilisation, l'immersion ne permet pas une approche graduelle mais exige de la personne qu'elle plonge dans la situation phobogène sans y être préparée ou presque. Elle est donc forcée ou se force à regarder sa peur en face et dans toute sa mesure; autrement dit, elle laisse la peur l'envahir ou l'«immerger» totalement.

Comme vous pouvez l'imaginer, cette méthode peut très bien fonctionner, mais elle peut aussi donner des résultats catastrophiques. Enfermer une personne qui a la phobie des chats dans une pièce pleine de chats serait pour le moins irresponsable et pourrait au pire provoquer un infarctus chez la personne ou la rendre folle. Lancer un enfant dans la partie profonde d'une piscine pour lui montrer à nager est à la fois cruel et inefficace. Forcer un jeune à descendre au sous-sol quand on sait que cela le terrifie est inhumain et risque d'augmenter sa peur plutôt que de la diminuer. Ce geste ébranle fortement la confiance que l'enfant met dans ses parents ainsi que sa confiance en lui-même, et sa peur s'en trouve accrue. En outre, l'enfant se sent coupable de ne pas être à la hauteur et supporte donc un fardeau émotionnel qui risque fort de le retarder dans d'autres secteurs de sa vie.

Alors pourquoi consacrer toute une rubrique à cette méthode si elle est si nocive, direz-vous?

Parce que ce traitement peut donner des résultats fabuleux s'il est employé avec la permission du sujet et sous la surveillance d'une personne habituée à cette technique. Utilisée dans le cadre d'un travail individuel sur soi, l'immersion peut aussi être très efficace. Toutefois, vous ne devriez jamais l'employer si vous vous sentez instable sur le plan émotif ou si vous souffrez de dépression, d'anxiété ou de phobies multiples depuis longtemps.

Certains types de personne aiment s'exposer au danger régulièrement. Les cascadeurs, les boxeurs, les alpinistes, les spéléologues et les artistes de la scène doivent posséder une forte tolérance à la peur. Pourtant, ils ne la tolèrent pas mieux que la moyenne des gens, loin s'en faut. Souvent, ce sont des gens qui ont subi un traumatisme dans le passé ou ont eu une enfance difficile. Même s'ils s'en sont sortis, ils doivent encore se prouver (et prouver aux autres) qu'ils dominent leur peur.

Affronter une peur intense et la surmonter dans le cadre de son travail peut aussi entraîner une dépendance. On peut être excité par l'état «high» que l'on ressent une fois le danger surmonté et c'est ce sentiment d'euphorie que l'on recrée pour soi-même chaque fois que l'on fait de nouveau face à la peur. D'une certaine façon, on pourrait presque parler d'avantage secondaire (voir page 60) dans ce cas.

Les personnes fondamentalement stables sur le plan émotif, qui choisissent de s'exposer à une situation angoissante et en sortent victorieuses, disent avoir vécu un moment d'illumination, s'être mieux comprises, s'être aguerries et avoir acquis de l'assurance.

Pendant que j'écrivais ce livre, j'entendis un récit fort intéressant qui renfermait deux cas d'immersion. La femme qui me raconta son histoire, Natasha, mentionna en passant qu'elle avait fait aux États-Unis un séjour au cours duquel elle avait appris beaucoup sur la tradition amérindienne. À la fin de ce séjour, elle et son groupe s'étaient engagés dans une «quête de vision» qui avait revêtu une signification profonde pour chacun des participants. Voici son histoire:

> L'expérience s'inscrivait dans un voyage de deux semaines au Nouveau-Mexique. En fait, la quête de vision comme telle prit place le tout dernier week-end, de sorte que nous avions deux semaines pour nous accoutumer à la culture et au climat. Nous visitâmes des musées et des villages amérindiens et assistâmes à des cérémonies tribales pittoresques. Donc, au moment où commença notre quête de vision, nous avions déjà été en contact avec la tradition amérindienne.
>
> Tout cela m'apparaît très intéressant quand j'y repense aujourd'hui. À ce moment-là, je ne crois pas avoir vraiment compris ce qu'était une quête de vision ni même ce qui se passait vraiment: je pense qu'une partie de mon esprit s'était fermée à cela. D'une certaine façon, à un niveau conscient, je ne voulais

pas vraiment savoir ce qui allait se passer parce que si je l'avais su, j'aurais sans doute trouvé une excuse pour ne pas vivre l'expérience; pourtant, au fond de moi, je sentais qu'elle était très importante.

Natasha m'expliqua que la quête de vision est une ancienne tradition amérindienne. Au cours d'une quête de vision, on doit passer un moment seul et loin de son environnement familier. À l'origine, les Amérindiens passaient ce temps dans une forêt ou sur une montagne, selon l'endroit où ils vivaient. Souvent, on ressent un sentiment d'harmonie avec la terre et c'est un moment où les aspects de votre moi profond vous sont révélés alors que votre attention est très peu sollicitée par le monde extérieur. C'est une expérience qui peut être très enrichissante.

Un nombre croissant de gens aujourd'hui sont conscients de la valeur et des avantages de cette démarche qui vous oblige à vous retirer de votre situation habituelle pour vous placer dans une position où vous êtes en contact avec la nature sans autres humains autour, dans un isolement total. De poursuivre Natasha:

À la veille de notre départ pour l'endroit où devait avoir lieu notre quête de vision, je me trouvai dans une situation qui m'obligea à faire face à une de mes peurs. J'étais assise au bord d'une rivière avec deux ou trois personnes et notre guide amérindien. Je mentionnai comme cela que j'avais très peur de me trouver face à face avec un serpent à sonnettes et que j'avais l'impression qu'il me faudrait affronter cette peur d'une manière ou d'une autre très bientôt. Il me rassura en affirmant qu'il était rare de voir des serpents à sonnettes pendant le jour et que même si j'en voyais, je ne devais pas m'inquiéter. Ma foi, pensai-je, c'est facile pour vous de dire cela, vous avez grandi entouré de serpents à sonnettes, mais comme je n'en avais jamais vu, cette pensée m'effrayait.

Un peu plus tard, nous décidâmes de partir. Or nous n'avions pas fait plus de quelques pas lorsqu'un petit garçon courut vers nous depuis la berge de la rivière où nous étions assis un moment plus tôt en criant: «Maman, viens voir, il y a un énorme serpent à sonnettes dans l'herbe!» et bien sûr, à un mètre environ de l'endroit où nous étions assis un peu plus tôt, un gros serpent à sonnettes se tenait immobile. Notre guide laissa entendre que c'était là l'occasion que j'attendais! J'avais peur mais je savais que je devais simplement y aller et affronter le serpent. Après l'avoir fait, j'éprouvai un grand soulagement comme si je venais de me libérer d'un lourd fardeau. Bien que cela puisse sembler étrange, j'éprouvais aussi de la reconnaissance envers le serpent qui m'avait donné la chance d'affronter ma peur, puis de lui tourner le dos.

Cet incident est un excellent exemple d'immersion volontaire. Natasha savait fort bien qu'elle avait peur des serpents à sonnettes et elle avait ouvertement exprimé cette peur à son guide. Même s'il l'avait rassurée en affirmant qu'on en voyait rarement le jour, elle doutait de pouvoir y faire face si elle en rencontrait un. Pourtant, quand elle eut la chance inattendue d'affronter sa peur, elle fit d'instinct ce qu'il fallait. Eût-elle hésité trop longtemps qu'elle aurait eu beaucoup plus de mal à affronter le serpent, tout simplement parce qu'elle aurait eu le temps d'accumuler des pensées angoissantes. Natasha continue son histoire:

Nous nous préparâmes à amorcer notre quête de vision en observant un jeûne de vingt-quatre heures, car le jeûne purifie et nettoie le corps, mais il sensibilise aussi les nerfs et les sens. Nous nous rendîmes en voiture dans le sud du Colorado; notre quête de vision devait avoir lieu dans un vaste domaine en grande partie vierge, couvert d'arbres magnifiques et traversé par une rivière. Le trajet fut très long et nous arrivâmes vers la fin de l'après-midi. À mesure que la journée passait, je prenais de plus en conscience de l'aventure dans laquelle j'allais me lancer. À mesure que le moment approchait, je devenais de plus en plus anxieuse et je me demandais si j'allais avoir le courage de passer toute une nuit seule dans une forêt du Colorado.

Nous arrivâmes enfin à destination, plus tard que nous avions prévu. Notre guide nous conduisit chacun à notre tour au site qui nous était dévolu dans la forêt. Il nous montra simplement où rester puis nous laissa seuls après nous avoir interdit de nous éloigner jusqu'à ce qu'on vienne nous chercher le lendemain.

C'était une forêt assez dense et le petit domaine qui devait me servir de «maison» pour les quelque vingt heures suivantes était entouré de buissons sur quatre côtés. De nombreux troncs d'arbre et des fougères jonchaient le sol de sorte que je ne voyais pas grand-chose au-delà du périmètre qui m'était assigné. Quatre rubans rouges fixés sur les arbres et les buissons dans les quatre directions géographiques représentaient la seule trace du passage d'un être humain dans cette partie de la forêt. Notre guide ne nous avait pas donné d'instructions précises quant à ce que nous devions *faire*; je suppose que c'était à chacun de nous de le découvrir.

Quand mon guide me quitta, une vive panique s'empara de moi. J'avais *vraiment* peur à ce moment-là et j'eus envie de crier: «Hé! Attendez une minute, ne me laissez pas ici, je veux revenir avec vous. Je ne peux pas rester ici, c'est trop difficile!» Une fois qu'il fut parti, cependant, je fis un effort pour me ressaisir et je me dis, non, attends, assieds-toi, tout ira bien, tu t'en sortiras. J'avais apporté un sac de couchage et un manteau, car on nous avait dit que les nuits étaient très froides dans cette région. Une lampe de poche, une chandelle, un stylo, un bloc et une bouteille d'eau potable complétaient mon attirail.

Ma première tâche consista à déplier mon sac de couchage et à m'installer avant que la nuit m'ôte toute possibilité de voir. C'était aussi la première chose qui m'était venue à l'esprit afin d'avoir moins peur et de me préparer à l'épreuve, quelle qu'elle soit, que me réservait la nuit à venir.

Pendant les premières heures, j'étais tout à fait remplie de la peur de tout ce qui pourrait se passer. En fait, rien ne s'est vraiment passé, mais chaque bruit, chaque mouvement, le moindre craquement de branche me faisait sursauter et me poussait à chercher ce qui avait causé le bruit. Je mis du temps à comprendre que la plupart des bruits étaient simplement les bruits naturels de la forêt. Il devait s'écouler bien des heures avant que je m'habitue à mon nouvel environnement.

Je réfléchis beaucoup cette nuit-là et je me demandai à quoi rimaient mes peurs et d'où elles provenaient. De quoi au juste avais-je peur? Je n'avais pas vraiment peur de l'obscurité; l'inconnu m'effrayait bien davantage. J'avais l'impression de perdre pied dans un environnement aussi peu familier et rempli de créatures sauvages qui s'approcheraient peut-être de moi. Comment réagirais-je dans ce cas? Je compris aussi quel être petit et insignifiant j'étais au milieu des forces vastes et puissantes de la terre et des créatures avec lesquelles nous la partageons. Donc, pendant les premières heures, toutes ces pensées me vinrent à l'esprit et bien d'autres. En même temps, j'essayais d'affronter la sensation physique très réelle d'être presque paralysée par la peur: tous mes muscles étaient tendus à l'extrême et j'étais prête à me lever et à fuir à tout moment, poussée par une obscure frayeur.

Sur le site que j'occupais se dressait un arbre très grand contre lequel je m'étais assise; sa présence me rassérénait et me communiquait une grande force. La beauté des étoiles qui brillaient au firmament me fut aussi d'un grand secours. Elles étaient si nombreuses et si lumineuses, et comme la nuit était très claire, j'ai dû voir au moins une douzaine d'étoiles filantes ce soir-là. C'était tout à fait incroyable. Mon esprit oscillait entre ces sources de force et ma peur, revenant de plus en plus fréquemment à la magnificence de l'arbre et des étoiles.

À mesure que le temps passait, je compris que plusieurs choix s'offraient à moi. Je pouvais soit passer le reste de la nuit envahie par la peur, mes muscles tendus et sursautant au moindre bruit, soit me lever ou crier dans l'espoir que l'on me trouve, soit laisser aller ma peur, me détendre et goûter la beauté et la paix de mon environnement. Plus je pensais à ma peur, plus je comprenais qu'elle n'était pas liée à un événement précis qui se produisait à ce moment-là, mais bien à ce qui *pouvait* se passer dans un proche avenir. Mais là encore, il pouvait ne rien se passer du tout.

Plus je comprenais cela, plus j'étais capable de laisser aller ma peur. Je me rendis compte que quand on vit pleinement le moment présent comme nous l'enseigne la sagesse ancienne, la peur n'existe pas. Je compris alors le sens des mots: la peur est la seule chose que l'on doit craindre. Je compris que c'était tout à fait vrai, parce que j'avais peur d'une chose purement intangible qui n'existait sans doute même pas, mais qui continuait quand même d'alimenter mon anxiété... au cas où!

Je parvins à un point où je devais interrompre ce processus d'une façon ou d'une autre. Puisque j'en saisissais le fonctionnement, je pouvais dire: «Hé! une minute! Prends un peu de recul et replace les choses dans leur contexte.» Cela fut, certes, un point tournant, une barrière qu'il me fallut franchir. Mon autre choix était de baisser les bras et d'appeler à l'aide pour mettre un terme à mon épreuve. En fait, je réussis à franchir cette barrière et une fois rendue de l'autre côté, j'eus l'impression d'être libérée d'un fardeau, comme avec le serpent.

Après ce moment, je constatai que ma perspective, à l'origine tout à fait centrée sur moi, sur ma peur et ma survie, s'ouvrait petit à petit sur l'extérieur. J'appréciais d'une manière encore plus totale la beauté pure de l'endroit où je me trouvais, le magnifique dôme céleste au-dessus de ma tête et les étoiles, telles d'inspirantes lumières sur la toile de fond de la nuit.

Quand ma perspective commença à s'élargir, je me sentis tout autre. J'étais plus centrée à l'intérieur de moi-même, plus en paix avec mon environnement et plus en harmonie en général avec toutes choses. J'eus l'impression de faire partie de mon environnement plutôt que d'en être séparée et je compris pourquoi un Indien qui avait grandi avec un sentiment naturel d'harmonie avec la terre pouvait dire: «Tu n'as pas besoin d'avoir peur des serpents à sonnettes.» Qui se ressemble s'assemble et si vous n'avez pas peur, vous n'attirez pas de choses angoissantes dans votre vie.

C'était comme de passer d'un point de vue très mental à une façon d'être plus centrée dans le cœur, là où le mental ne *crée* pas de choses effrayantes. Quand vous expérimentez cette façon d'être, vous vous détendez et votre esprit n'a pas besoin de fonctionner d'une manière négative puisque vous laissez aller la peur qui déclenche tout le processus qui peut finir par vous paralyser complètement.

Au matin, je sus qu'un changement important s'était opéré en moi, que cette quête de vision avait transformé ma vision des choses et ma compréhension de sorte que je ne serais plus jamais la même. J'avais beaucoup appris et je savais que je transporterais ce savoir avec moi à partir de ce moment-là. Mon expérience m'avait enrichie et j'avais compris la valeur de la quête de vision, car je n'aurais jamais appris autant ni aussi rapidement dans toute autre situation.

Depuis lors, j'ai constaté que si j'ai peur de quelque chose, je peux me rappeler ce que je ressentais pendant ma quête de vision et la solution qui m'était apparue: lâcher prise. Alors je suis capable de laisser aller ma peur. Cela m'aide à affronter certaines situations même aujourd'hui et je suis certaine qu'il en sera ainsi pendant très longtemps.

Il est clair que ce second exemple d'immersion exigeait encore plus de courage que l'incident mettant en jeu le serpent à sonnettes. Comme Natasha avait fait un long périple jusqu'au lieu de sa quête de vision, sa peur avait pris des proportions énormes même avant qu'elle commence sa quête comme telle. Elle fut exposée à la peur pendant plusieurs heures d'affilée sans pouvoir vraiment y échapper. Comme elle ignorait où elle se trouvait dans la forêt, elle n'aurait pas pu s'enfuir même si elle l'avait voulu.

Le fait qu'elle fût forcée de rester et de supporter sa peur, toutefois, l'amena à trouver une solution qui lui permettait de la laisser aller. Elle comprit qu'elle avait peur de quelque chose qui *pouvait* se produire plutôt que d'une chose qui *était en train de se produire* à ce moment-là et cette découverte l'amena à se détendre et à goûter son séjour dans la forêt.

Comme vous pouvez le constater en lisant l'histoire de Natasha, l'immersion peut être une expérience fascinante en autant que l'on soit assez stable et que l'on arrive à contrôler sa peur.

Un Américain découvrit la technique de l'immersion tout à fait par hasard. Il souffrait d'agoraphobie depuis des années et était pratiquement immobilisé par sa crainte de succomber à une crise de panique. Un jour il décida que la coupe était pleine. Il en avait ras le bol de son agoraphobie et de la vie en général et décida d'en finir avec celle-ci. Il quitta sa maison et sortit sa voiture du garage. Maintenant qu'il allait mourir, il se souciait peu des crises de panique qui pouvaient l'assaillir pendant le trajet vers l'endroit magnifique où il avait décidé de mettre fin à ses jours.

Vous devinez la suite? Il n'eut pas une seule crise de panique, arriva sain et sauf à l'endroit où il voulait mourir, contempla la vue et revint chez lui, libre. Il avait affronté et surmonté sa peur du même coup.

L'ALIMENTATION

Méthode individuelle
Toutes peurs

Ce que nous mangeons et la façon dont nous mangeons ont des répercussions plus grandes sur notre bien-être que beaucoup d'entre nous veulent bien le croire. Une fois que nous avons pris une habitude alimentaire, nous cessons d'être conscients de son effet sur nous. Même si elle entraîne un malaise, nous avons tendance à l'oublier après un certain temps, non pas délibérément, mais parce que nous sommes tellement habitués à ne pas nous sentir en forme que cela ne nous paraît plus inhabituel ni alarmant.

En général, nous nous contentons d'en compenser les effets négatifs d'une autre façon. Si nous mangeons trop, nous suivons un régime de temps en temps au lieu de manger moins. Si le fait de manger de grosses portions aux repas nous fatigue, nous essayons de trouver le temps de faire une sieste au lieu de manger plus léger. Si l'excès de café nous rend nerveux, nous fumons une cigarette parce que nous croyons (à tort) qu'elle nous calmera, au lieu de réduire notre consommation de caféine.

Parfois, nous ne sommes même pas conscients du fait que certaines substances ou aliments nous causent des problèmes et c'est l'une des raisons pour lesquelles je désire aborder ce sujet ici. Surveillez les rapports entre votre alimentation et votre bien-être. Tenez un journal s'il le faut afin de voir s'il existe un lien entre les aliments que vous consommez et la façon dont vous vous sentez; cela vaut nettement mieux que les devinettes!

Dans cette rubrique, je ferai ressortir quelques-uns des problèmes les plus courants qui peuvent surgir en rapport avec l'alimentation et proposerai des façons de corriger de mauvaises habitudes ou une diète comportant des carences.

Les habitudes alimentaires

Bien des gens présument que la digestion commence dès le moment où la nourriture atteint l'estomac alors qu'en fait, elle commence dans la bouche. C'est pourquoi il est essentiel de:

—*manger lentement*. Asseyez-vous pour manger; ne mangez pas sur le pouce avec voracité. *Prenez* le temps de manger. Concentrez-vous sur ce que vous mangez, n'avalez pas votre nourriture sans réfléchir. Essayez de ne pas noyer vos aliments dans de grandes quantités de liquide parce que cela empêche les acides de l'estomac de faire leur travail correctement et que vous vous sentirez gonflé et constipé;

—*mâcher correctement*. En coupant les aliments en petites bouchées avec vos dents, vous accroissez la production des enzymes de la bouche qui contribuent à décomposer la nourriture afin que les acides de l'estomac puissent faire leur travail efficacement et votre corps, absorber tous les nutriments de la nourriture, y compris les vitamines et les minéraux;

—*boire de l'eau*. Cela est essentiel à une bonne santé et au bon fonctionnement des reins. Un grand nombre de vitamines et de minéraux sont solubles dans l'eau, et pour que votre corps les absorbe, vous devez boire suffisamment d'eau. Vous devriez boire *au moins* un litre d'eau en bouteille par jour afin de nettoyer vos reins et de permettre aux déchets d'être éliminés dans vos urines.

En outre, il est plus facile de manger moins quand on mange lentement et qu'on prend le temps de bien mastiquer ses aliments, simplement parce que la nourriture reste plus longtemps dans la bouche et entre en contact avec les papilles gustatives au lieu de seulement les effleurer. En retour, on atteint beaucoup plus rapidement un sentiment de «satisfaction gustative» et de satiété.

L'insuffisance de poids

Il n'est pas nécessaire d'avoir le poids idéal pour se sentir en forme et en santé, mais il est sensé de chercher à s'en approcher le plus possible. Au lieu de vous laisser impressionner par les divers tableaux qui existent, visez un poids dans lequel vous vous sentez bien. (Cela diffère parfois considérablement du poids que vous êtes censé avoir selon les tableaux!)

Faites attention, cependant, si vous êtes très maigre. Si vous n'avez pas de graisse du tout, vous êtes susceptible de puiser à même les réserves de vos nerfs dans les situations stressantes. Si vous possédez une zone tampon de quelques kilos superflus, tout effort physique, mental ou émotif entraînera une diminution de vos réserves de graisse. C'est pour cette raison que les personnes qui traversent une période difficile perdent du poids très rapidement, même si elles ne réduisent pas de beaucoup la quantité de nourriture qu'elles consomment.

En l'absence de réserves, vous aurez les nerfs plus sensibles et vous laisserez atteindre plus facilement par les événements. Chez certaines personnes, deux ou trois kilos de plus peuvent faire toute la différence. Elles se sentent beaucoup plus stables et les détails qui les perturbaient autrefois ont beaucoup moins d'emprise sur elles.

Si vous n'arrivez pas à grossir malgré vos efforts, consultez un médecin pour vous assurer que vos reins fonctionnent correctement. Si ce n'est pas le cas, votre corps doit dépenser beaucoup d'énergie supplémentaire pour faire contrepoids aux toxines non éliminées par suite du mauvais fonctionnement de l'un ou des deux reins.

Si vous ne grossissez pas alors que vous mangez normalement, vous pourriez aussi souffrir d'hyperthyroïdie (voir page 48). Dans ce cas, la glande thyroïde fait du temps supplémentaire et utilise une quantité de calories supérieure à la moyenne de sorte que celles-ci n'ont aucune chance de former du gras sur vos os.

Le fait d'affronter un stress constant, au travail ou dans la vie privée, pourrait expliquer votre insuffisance de poids. Si vous avez une chance d'améliorer votre situation, par exemple en changeant d'emploi ou en réglant vos problèmes à la maison, cela est certes la meilleure chose à faire. Toutefois, ce n'est pas toujours possible. Il arrive que l'on soit prisonnier d'une situation indépendante de notre volonté. Voyez quand même si vous pouvez au moins améliorer votre sort en vous éloignant temporairement de la situation difficile.

Si la cause de votre stress émotionnel remonte au passé, vous pourriez consulter un conseiller ou un thérapeute qui vous aidera à passer au travers. Souvent, quand une personne fait cela, non seulement son poids se normalise, mais sa peur disparaît du même coup!

L'hypoglycémie

J'ai déjà parlé de l'hypoglycémie au premier chapitre comme l'un des facteurs susceptibles d'exacerber les symptômes de la peur.

Tout d'abord, laissez-moi vous expliquer ce qui peut déclencher l'hypoglycémie et comment vérifier si vous en souffrez ou non.

Le corps est doté de deux mécanismes de contrôle, supérieur et inférieur, destinés à maintenir un taux optimal de glucose dans le sang.

Nous conservons un taux normal en mangeant des hydrates de carbone, soit des aliments énergétiques comme les féculents (pain, pommes de terre, céréales et riz) et des sucres (fruits, miel, sucres blanc et brun raffinés). Quand nous consommons une grande quantité d'hydrates de carbone, le mécanisme de contrôle supérieur est activé, il produit un surplus d'insuline et l'excédent de sucre est éliminé dans l'urine.

Si, par contre, nous passons un long moment sans manger et que notre glycémie s'abaisse au-dessous de la limite inférieure, les surrénales sont mobilisées et libèrent le sucre emmagasiné dans le foie, ramenant ainsi notre taux de glucose à la normale.

Lorsqu'elles entrent en action, les surrénales libèrent de l'adrénaline et du cortisol, *et ces substances nous rendent plus anxieux et peuvent aussi causer des tremblements, une sensation de vertige et des palpitations.* Or, tous ces signes sont aussi précurseurs d'une crise de panique.

Pour savoir si vous souffrez d'hypoglycémie, vérifiez si un ou plusieurs des points ci-dessous s'appliquent à vous.

—Vous vous sentez agité, anxieux, avez des palpitations ou même paniquez en vous éveillant le matin. (Le matin, votre taux de glucose est à son plus bas niveau parce que vous n'avez pas mangé pendant votre sommeil.)

—Vous êtes anxieux ou étourdi et peut-être aussi irrité de trois à quatre heures après avoir mangé, et ces symptômes disparaissent dès que vous mangez.

—Vous affichez une humeur positive et enjouée quand vous mangez du sucre, et une humeur négative et déprimée environ une demi-heure après en avoir mangé.

Si l'un des indices ci-dessus s'applique à vous, vous devez modifier vos habitudes alimentaires et mieux choisir vos aliments. Voici quelques règles utiles.

—*Évitez le sucre.* Surtout, évitez tous les aliments qui renferment du sucre raffiné tels que le chocolat, les bonbons, la glace, les limonades et les colas. Mangez plutôt des fruits frais. Évitez les jus de fruit et les fruits séchés car ils sont très concentrés en sucre.

—*Évitez les féculents simples* c'est-à-dire le pain blanc, les pâtes et le riz blanc. Remplacez-les par des grains entiers comme le pain complet, le riz brun, les céréales, les noix et les graines.

—*Mangez entre les repas.* Ayez toujours un goûter à portée de la main entre les repas afin que votre taux de glucose ne soit jamais sous la limite inférieure. Vous pouvez aussi prendre cinq repas légers par jour, à intervalles d'au plus trois heures.

Les allergies alimentaires cachées

Ces allergies sont difficiles à détecter parce que l'ingestion de l'aliment allergène vous procure une sensation de bien-être de sorte que vous êtes porté à en manger. Toutefois, si vous cessez de consommer cet aliment, même un seul jour, ses véritables effets, qui ressemblent beaucoup à de sévères symptômes de sevrage, se feront sentir: irritabilité, insomnie, confusion et désorientation, peur, vertige et dépression. Il vous suffit, pour chasser ces symptômes et vous sentir bien, de manger l'aliment allergène, mais vous aurez vite fait de retomber dans votre cercle vicieux...

Résister à la tentation de manger l'aliment allergène demande beaucoup de volonté et mieux vaut, parfois, demander l'aide d'un nutritionniste qualifié.

Si vous ne vous connaissez aucune envie insatiable d'un aliment particulier, vous pouvez quand même vérifier assez facilement si vous souffrez d'une allergie alimentaire. Ainsi, pour déterminer si vous êtes allergique au lait, éliminez le lait et les produits laitiers de votre diète pendant deux semaines. Pendant cette période, tenez un journal de votre état avant, pendant et après avoir éliminé ces produits. Après deux semaines, buvez quelques verres de lait et observez ce que vous ressentez pendant les heures qui suivent. Si vous avez une réaction nettement négative, vous saurez que vous avez trouvé l'aliment nocif. Vous pouvez aussi vérifier d'autres substances comme le blé, les œufs, la levure ou les tomates, tous ces aliments représentant des allergènes potentiels.

Une autre façon de vérifier si l'on souffre d'une allergie alimentaire consiste à jeûner pendant une semaine, en ne buvant que de l'eau, et à recommencer à manger les aliments un par un tout en observant si vous réagissez d'une façon négative. Cette méthode ne devrait être utilisée que sous surveillance médicale et à un moment où vous pouvez cesser de travailler, surtout si vous n'avez jamais jeûné. Comme le jeûne prolongé au-delà d'une journée peut entraîner des effets assez radicaux sur votre énergie et votre état émotif, assurez-vous de demander l'aide d'un expert.

Dans le cas de toutes les allergies alimentaires, j'ai bien peur que la seule solution consiste à ne pas manger l'aliment qui vous cause un problème, mais c'est un faible prix à payer si cela vous aide à demeurer calme et détendu et à recommencer à fonctionner normalement.

Les vitamines et les minéraux

Notre corps est une machine très complexe et délicatement réglée qui repose sur le fonctionnement sans heurts et efficace d'une multitude de processus biochimiques. En général, tous ces processus sont parfaitement rodés quand nous naissons, mais de nombreux éléments épuisent nos ressources physiques pendant notre vie. Le stress et les contraintes de la vie quotidienne, ainsi que les événements traumatisants de notre vie, prélèvent leur tribut. Les aliments raffinés et transformés compliquent le travail de notre corps, et la pollution ainsi que les additifs et les préservatifs contenus dans les aliments aggravent la situation. Si vous souffrez en plus de symptômes reliés à la peur ou à l'anxiété, vos processus biochimiques sont encore plus déséquilibrés.

Afin d'aider votre système à mieux s'adapter pendant que vous souffrez des effets de la peur, assurez-vous de compléter votre diète avec les vitamines et les minéraux suivants.

Complexe B

Les vitamines du complexe B aident au bon fonctionnement du système nerveux. Comme elles sont solubles, on ne peut pas en prendre trop mais cela signifie aussi que vous devez boire suffisamment d'eau pour permettre à votre corps de les absorber.

Une carence en vitamine B produit parfois des changements mentaux semblables à ceux de la tension prémenstruelle: anxiété, irritabilité, fatigue et instabilité émotive.

* Prenez entre 50 et 100 mg par jour, *avec des aliments.*

Vitamine C

Il est bien connu que la vitamine C renforce le système immunitaire, nous protège contre les infections et les rhumes et accélère la guérison et la cicatrisation. En plus, elle contribue au bon fonctionnement des glandes surrénales. Cela est important puisque les surrénales doivent fournir un surcroît de travail si vous êtes stressé ou anxieux.

* Prenez 1 g deux fois par jour, *avec des aliments.*

Calcium et magnésium

Ces deux substances ont un effet apaisant sur le système nerveux; ce sont des tranquillisants naturels.

Si vous manquez de calcium, vous aurez les nerfs plus sensibles. Si vous mangez beaucoup de son, vous devriez ajouter du calcium à votre diète, car le son empêche l'absorption du calcium.

Prenez toujours du calcium et du magnésium ensemble puisqu'ils facilitent leur absorption mutuelle dans le corps. Prenez deux parts de calcium pour une part de magnésium ou une quantité égale des deux. Les magasins de santé naturelle vendent des comprimés qui combinent ces deux minéraux.

* Prenez 1 g de calcium plus 500 à 1 000 mg de magnésium par jour, *avec des aliments.*

Zinc

Le zinc joue un rôle dans la croissance et la résistance aux infections. Il normalise aussi la production hormonale et le fonctionnement du cerveau. Il exerce un effet stabilisateur sur le système nerveux et on le prescrit de nos jours pour compenser l'anxiété.

Le thé, le café, l'alcool et les contraceptifs empêchent l'absorption du zinc.

* Prenez 200 mg une fois par jour, *avec des aliments*.

Nota: Si vos comprimés de zinc ne sont pas résistants aux sucs gastriques, il se peut que vous éprouviez une légère nausée quelques minutes après leur ingestion. Ce symptôme est entièrement dû aux comprimés de zinc et disparaîtra très rapidement.

Substances à éviter

Si vous souffrez d'anxiété, il y a quelques substances que vous devriez bannir de votre alimentation, car elles risquent d'aggraver votre problème.

La caféine

Si vous buvez des quantités excessives de thé ou de café, vous soumettez votre système à un état permanent de tension et d'excitation nerveuse qui constitue un terrain parfait pour la crise de panique. J'emploie le terme «excessives» plutôt que «grandes» parce que la quantité en excès dépend de la constitution physique et biologique de chaque personne. Certaines se mettent à trembler et doivent aller aux toilettes à plusieurs reprises après une seule tasse de café; d'autres doivent en boire cinq pour obtenir le même effet.

Une tasse de café moyenne contient entre 70 et 150 mg de caféine et une tasse de thé, entre 50 et 100 mg environ. Chaque bouteille de cola en renferme environ 45 à 65; le chocolat et le cacao contiennent les taux les plus bas, soit moins de 25 mg par tablette ou par tasse.

Parce qu'elle entraîne une dépendance, la caféine produit des symptômes de sevrage quand on cesse d'en consommer.

Ces symptômes vont de l'apathie à la nervosité, en passant par les maux de tête et la boulimie, mais ils ont tendance à disparaître après quelques jours ou au plus tard après deux semaines, en autant que vous ne consommiez pas de caféine.

Vous pouvez diminuer la caféine en douceur en réduisant votre consommation graduellement. Vous pouvez aussi remplacer le café et le thé par des boissons comme les tisanes ou le café de chicorée. Vous devrez vous habituer au goût de ces autres boissons qui diffère de celui du café, mais la plupart des gens prennent goût au substitut après quelques semaines.

Veuillez noter que boire du thé ou du café décaféinés ne constitue pas vraiment une solution de rechange car ces versions édulcorées, censées être tout à fait exemptes de caféine, en renferment quand même une quantité *minime*. De plus, les recherches récentes semblent laisser entendre que les produits chimiques utilisés pour extraire la caféine du café sont nocifs pour la santé.

Comme pour toute substance entraînant une dépendance, vous feriez mieux de renoncer complètement à la caféine. Il est plus facile de ne pas boire de café si votre palais n'est pas tenté par une tasse occasionnelle.

La nicotine

Comme nous l'avons déjà mentionné, la nicotine aggrave les symptômes de la peur parce que, comme elle resserre les vaisseaux sanguins, le cœur a plus de difficulté à pomper le sang à travers le système de sorte qu'il doit fournir un effort supplémentaire. Cela entraîne un sentiment d'agitation et d'excitation qui aggrave les effets de la peur. Les personnes qui affirment que fumer les détend n'obtiennent cet effet que parce qu'elles inspirent profondément pour inhaler la fumée, mais c'est la respiration profonde qui les détend, pas la cigarette!

De même que pour la caféine, vous aurez peut-être du mal à vous abstenir de fumer. Utilisez toute l'aide que vous pouvez obtenir. Demandez à votre famille et à vos amis de ne plus vous offrir de cigarette, apprenez à respirer comme il faut et à vous détendre (voir page 110) ou consultez un hypnothérapeute. Vous serez étonné de voir à quel point vous êtes plus calme quand vous ne fumez pas et le surcroît d'énergie dont vous bénéficiez lorsque l'oxygène recommence à circuler librement dans votre système.

Pour vous aider, utilisez un truc qui rend le fait de fumer fastidieux. Gardez vos cigarettes au fond d'un placard à l'étage supérieur et votre briquet ou vos allumettes au sous-sol ou dans la remise du jardin. Éloignez ces deux articles autant que possible l'un de l'autre afin de vous obliger à monter spécialement pour prendre une cigarette puis à faire tout le chemin jusqu'à votre briquet avant de pouvoir l'allumer. Si prendre une cigarette devient très compliqué, moins fumer vous semblera plus facile.

Quand vous aurez cessé de fumer, remarquez à quel point vous vous sentez plus léger et plus libre physiquement. Et de toute façon, qui veut être esclave d'une chose aussi ridicule qu'un paquet de feuilles sèches…?

Le sel

Si vous mangez très salé ou avez un petit penchant pour les bouchées salées, vous imposez un stress supplémentaire à votre cœur. En effet, un excès de sel augmente votre pression sanguine et provoque une rétention d'eau dans votre corps, ce qui oblige votre cœur à fournir un effort supplémentaire.

En outre, le sel diminue vos réserves de potassium, ce qui en retour nuit au bon fonctionnement de votre système nerveux.

Votre consommation quotidienne de sel ne devrait pas excéder un gramme (environ 1 cuiller à café). Si vous avez besoin de plus de sel, utilisez un substitut de sel riche en potassium plutôt qu'en calcium.

Sommaire

Les solutions proposées au chapitre 3 pour venir à bout de la peur ont été éprouvées et ont donné des résultats fructueux chez un grand nombre de personnes.

Ces méthodes ne sont pas sacrées, aussi n'hésitez pas à les adapter à vos besoins. Si vous préférez vous asseoir plutôt que de vous allonger pour la détente, modifiez l'exercice en conséquence. Si vous n'arrivez à vous détendre qu'en vous tenant sur la tête, tant pis si le livre vous demande de vous coucher sur le dos: tenez-vous sur la tête!

Les stratégies et les techniques qui marchent pour tout le monde n'existent pas. C'est pourquoi je vous conseille de modifier celles que je vous propose afin de les adapter à vos besoins. Soyez créatif. Vous êtes une personne unique qui n'entre pas nécessairement dans le moule de la moyenne des gens.

Les techniques décrites ici sont efficaces et très puissantes *quand on les met en pratique.* La lecture de ce livre améliorera peut-être votre bien-être, mais elle ne vous débarrassera pas de votre peur à moins que vous en veniez aux choses sérieuses et fassiez les exercices chaque jour avec persévérance.

Comme pour tout dans la vie, deux choix s'offrent à vous: ou vous cessez de vous plaindre et continuez de vivre comme vous le faites et d'avoir peur ou vous passez à l'action et vous débarrassez de votre peur. À vous de décider. Je peux seulement vous indiquer le chemin qui mène à l'eau; à vous de le suivre et de boire. Personne ne peut le faire pour vous. Aucune baguette magique ne fera disparaître votre peur.

Lectures complémentaires

Relaxation et méditation

Fontana, D., *The Meditator's Handbook*, Element, Shaftesbury, 1992.
Fontana, D., *The Elements of Meditation*, Element, Shaftesbury, 1991.

Visualisation

Gallwey, W.T., *Tennis et psychisme*, Paris, Laffont, 1977.
Markham, U., *The Elements of Visualisation*, Element, Shaftesbury, 1989.
Richardson, A., *Mental Imagery*, Springer, N.Y., 1969.
Samuels, M. et Samuel, N., *Seeing With the Mind's Eye*, Random, N.Y., 1990.

PNL

Bandler, R., *Un cerveau pour changer*, Paris, InterÉditions, 1990.
Grinder, J. et Bandler, R., *Trance-formations*, Real People Press, Utah, 1981.

Pensée positive

Peale, N.V., *Le pouvoir de la pensée positive*, Éditions de l'Homme, Montréal, 1991.
Peiffer, V., *Positive Thinking*, Element, Shaftesbury, 1989.
Peiffer, V., *Strategies of Optimism*, Element, Shaftesbury, 1990.

Logothérapie

Frankl, V.E., *Découvrir un sens à sa vie avec la logothérapie*, Éditions de l'Homme, Montréal, 1988.

Technique Alexander

Brennan, R., *The Alexander Technique Workbook*, Element, Shaftesbury, 1992.
Gelb, M., *Body Language*, Aurum Press, London, 1987.

Syndrome prémenstruel et alimentation

Dalton, K., *Once a Month*, Fontana, London, 1991.
Stewart, M., *Beat PMT Through Diet*, Vermillion, London, 1992.

Index

Table des matières